le livre des livres

érOtiques

À Marianne Paul-Boncour et Patrick de Sinety,
ce mystérieux continent qu'ils n'ont pas encore exploré.

N.B. : Les légendes des illustrations correspondent aux ouvrages reproduits.
Les noms et dates entre parenthèses indiquent selon les conventions en la matière les informations véritables relatives à ces mêmes ouvrages, et dont les spécialistes ont acquis la certitude.

le livre des livres érotiques

Emmanuel Pierrat

chêne

Avant-promenade

QUELLE LECTRICE, QUEL LECTEUR n'a rêvé un jour de feuilleter un ouvrage polisson, réservé à quelques cercles d'amateurs ? *Le Livre des livres érotiques* propose une promenade imagée à travers une centaine de textes libertins.

Car la littérature érotique fascine toujours autant : tous les fantasmes peuvent s'y épanouir librement, être sublimés, grâce, depuis plusieurs siècles, au talent de garnements des lettres et des beaux-arts ; sans compter l'ingéniosité débridée des éditeurs œuvrant « sous le manteau ».

Pour concevoir le présent recueil, son auteur a extrait de sa bibliothèque personnelle une sélection de ces ouvrages qui mettent le « rose aux joues ». C'est donc un choix forcément subjectif, mais toujours subversif et coquin, que le lecteur – un peu voyeur aussi ! – est convié à parcourir. Il croise ici un dessin licencieux, là une couverture grivoise, une peu plus loin une série de planches très libres...

Parmi ces objets de « curiosité », certains sont bien connus des spécialistes, d'autres présentent des gravures rarissimes, voire des feuillets et des aquarelles totalement inédits. Le but recherché n'est ni l'exhaustivité, ni l'ennui que subiraient tant les profanes que les initiés à une énième bibliographie. *Le Livre des livres érotiques* n'est pas une leçon scientifique assommante sur l'histoire des fameux *curiosa*. Il s'agit en revanche d'un parcours distrayant, à l'érudition joyeuse et pétillante, sous les jupons du « second rayon ».

Ce qui explique aussi que chaque « section » s'ouvre par un propos évoquant des historiettes véridiques, racontant, pour les unes, une intrigue qui ne se lit que d'une main, pour les autres, les aventures rocambolesques d'un écrivain tentant d'échapper à la censure. Si les

anecdotes qui font le sel des volumes commentés sont toutes véridiques, la chronologie a en revanche été délibérément... bousculée.
Les livres érotiques – et notamment ceux qui figurent ici – répondent toutefois à des critères bien spécifiques. La sexualité sert évidemment de thème principal. Et, lorsque la forme romanesque est employée, l'intrigue se doit d'aller crescendo : l'héroïne découvre son corps, puis celui des autres, avant de s'ébattre avec toujours plus d'audace et de partenaires. L'iconographie va de pair, privilégiant le dessin au détriment de la photographie, jugée trop réaliste pour mettre en images ce qui relève du fantasme et par conséquent, souvent, de l'impossible... Les pyramides de corps illustrant les volumes de Sade incarnent le sommet du genre, défiant les lois de l'apesanteur.
Enfin, un livre érotique réussi doit pouvoir entraîner celui qui le compulse dans un univers qui ne lui est pas familier, même en rêve. Tout l'art du grand écrivain et de son comparse au pinceau consiste à ce que chacun puisse s'identifier aux aventures d'une jeune donzelle, d'un marquis sur le déclin ou d'une maquerelle chinoise. La littérature libertine se doit en effet de répondre à un objectif anatomique : elle ne peut laisser indifférent. Son efficacité se mesure aux réactions plus ou moins intenses que subit, avec plaisir, le corps de la lectrice ou du lecteur...
L'exercice est d'apparence abordable par tous les gens de lettres, mais, en réalité, ressort d'une alchimie des plus délicates à concocter avec brio. La chair est triste hélas, quand on lit un mauvais livre !
Les meilleurs écrivains se sont frottés au genre, certains une fois, par défi, d'autres à répétition, par goût prononcé : le lecteur croisera les noms de Guillaume Apollinaire, l'Arétin, Jean Cocteau, Colette,

Stendhal, Crébillon fils, Pierre Mac Orlan, Théophile Gautier, Jean Genet, Alfred de Musset, Pierre Louÿs, Ernst Theodor Amadeus Hoffmann, Marcel Jouhandeau, Mark Twain, Paul Léautaud, Louis Aragon, Guy de Maupassant, Raymond Radiguet, Henry Miller, Andréa de Nerciat, Théophile de Viau, etc. Les rayons de littérature érotique, c'est le Lagarde et Michard du sexe, auquel la crème des peintres, graveurs et dessinateurs a contribué avec enthousiasme.

Mais hélas, nombre de ces artistes ont préféré l'anonymat, pour échapper à l'opprobre ou à la prison. L'amateur éclairé tire ainsi son plaisir autant de la possession des exemplaires que de leur identification. Les vrais érotomanes du livre, les factieux, les rebelles ont vite appris les vertus de la clandestinité : les livres qu'ils ont fait imprimer sont conçus pour dérouter la maréchaussée.

Le nom de l'auteur est un pseudonyme, quand le volume ne sort pas sous couvert du total anonymat. L'éditeur et l'imprimeur se dissimulent aussi. Et leur appellation, si elle est apposée, poétise, plaisante ou provoque.

Le titre même peut varier d'une édition à l'autre, pour dérouter encore et toujours la gendarmesque. Quant à la date qui orne la couverture ou figure au colophon, elle est souvent antérieure de plusieurs années à celle de l'impression. Car ainsi la police, si elle met la main sur un exemplaire égaré en librairie, croira qu'il est inutile de s'épuiser à courir après un tirage si ancien qu'il est sans doute déjà disséminé et ne repose plus en piles dans l'entrepôt de ses géniteurs.

Le collectionneur de livres clandestins s'efforce de remonter le fil. Il faut partir du papier, de la typographie, du contenu du livre, de son format, de ses illustrations pour deviner que tel et tel ont enfanté ce libelle chéri. L'*Index* et autres catalogues dressés pour pourchasser sont là pour aider à approcher la vérité éditoriale. Mais le censeur se trompe aussi, et il est alors nécessaire de puiser dans l'histoire littéraire, dans les biographies, dans les analyses de style, dans les archives d'imprimeurs, pour en avoir le cœur net et la notice exacte.

Reste le statut du livre érotique, conservé mais interdit. Il est diablement révélateur des rapports ambigüs qu'entretiennent la loi et la sexualité. Les plus grands censeurs se sont révélés être de grands obsédés. Qui aime bien châtie bien ! Le sens de la compilation et de la litanie n'est souvent que le reflet du trouble ou du désarroi des autorités.

Les procureurs ont toujours pris le soin non seulement de mettre en fiches, mais aussi de rassembler et de conserver l'objet de leur fureur. Ils sont les gardiens des livres interdits, alors que la littérature populaire inoffensive ou la poésie avant-gardiste n'ont guère suscité d'intérêt chez les bibliothécaires officiels et ont été perdues, pilonnées ou jetées. Certes, l'autodafé a existé, pour la démonstration publique, la beauté de la flambée, l'édification et la satisfaction des masses. Mais le censeur, en bon bibliophile, a toujours veillé à préserver quelques exemplaires. Et même à organiser savamment cette étrange collectionnite à l'Enfer de la Bibliothèque nationale, à la Bibliothèque vaticane, au Private Case de la British Library, à la réserve de Saint-Pétersbourg, etc. *Le Livre des livres érotiques* raconte la « petite » histoire de la clandestinité, de la prohibition, de ces Enfers, des subterfuges étonnants qu'écrivains, illustrateurs, éditeurs et libraires ont imaginés.

C'est cette autre vision de la littérature érotique qui est ici dévoilée. Avec l'espoir, en laissant goûter au fruit défendu, de susciter des émotions, voire une vocation !

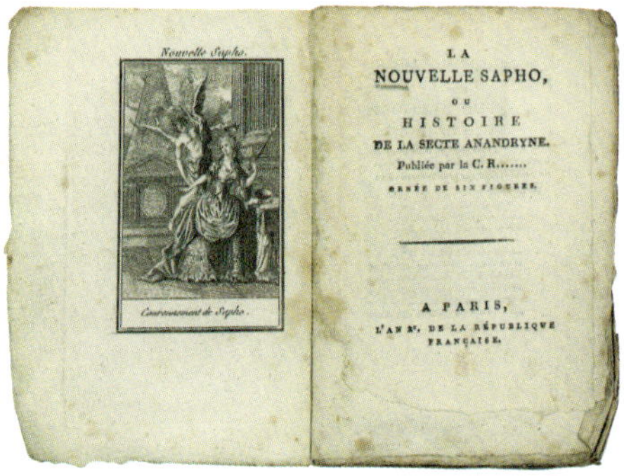

Le censeur joue avec le feu

L'HISTOIRE DE PIDANSAT DE MAIROBERT, l'auteur de *La Nouvelle Sapho*, incarne à merveille les croustillants paradoxes qui jalonnent l'histoire des livres érotiques. Né en 1727, il est surtout… censeur royal. Mais il est notamment accusé de fournir des pamphlets interdits par ses soins à la presse de Londres. Pidansat de Mairobert est surtout l'auteur de *L'Espion anglais ou Correspondance secrète entre milord All'Eye et milord All'Ear*. Ces volumes, publiés en 1779, sont une sorte de tableau du royaume, sous couvert de lettres échangées entre deux lords anglais qui s'intéressent aussi bien à l'économie qu'à la situation militaire ou culturelle, ou encore sexuelle, de la France et de ses sujets les plus en vue.

La Nouvelle Sapho fait partie de *L'Espion anglais*, dont elle constituait originellement, en 1784, trois lettres du dixième tome. Ce classique de la littérature pseudo-lesbienne – puisque écrite par et pour des hommes – est connu sous plusieurs autres titres : *Anandria, Confession de Mlle Sapho, La Secte des anandrynes*. Mlle Sapho, déjà très lascive à 15 ans, est accueillie chez Mme Gourdan, où sa virginité et son « clitoris diabolique » provoquent l'enthousiasme des mères et des novices (ou, en termes « mystiques », des incubes et des succubes), qui lui font subir une cérémonie initiatique avant de l'admettre dans leur « moderne Sodome ». Mais elle pèche avec un homme, est chassée, emprisonnée avant de se retrouver dans une « maison », etc.

Étymologiquement, l'anandryne de Pidansat de Mairobert incarne un « anti-homme », par opposition à l'amphibie, qui conserve en apparence un mari ou un amant ! Il s'agit surtout d'un délicieux récit érotique, doublé d'un libelle diffamatoire. Car une « clé » permet de renvoyer à des personnages célèbres en leur temps.

(Pidansat de Mairobert) C. R……., *La Nouvelle Sapho ou Histoire de la secte anandryne*, À Paris, l'an 2ᴱ de la République française.

Belle présidente et vous cheres compagnes, voici une postulante.

Notre auteur, aimant jouer avec le feu, finit par être confondu : il se serait donc tué dans son bain en 1779, avant la publication en volume isolé des aventures de Sapho.
Napoléon s'est attardé à ce morceau de bravoure : il a laconiquement et explicitement annoté les marges de son exemplaire des aventures de Sapho de la formule « La secte des anandrynes ou tribades – Clitoris ».

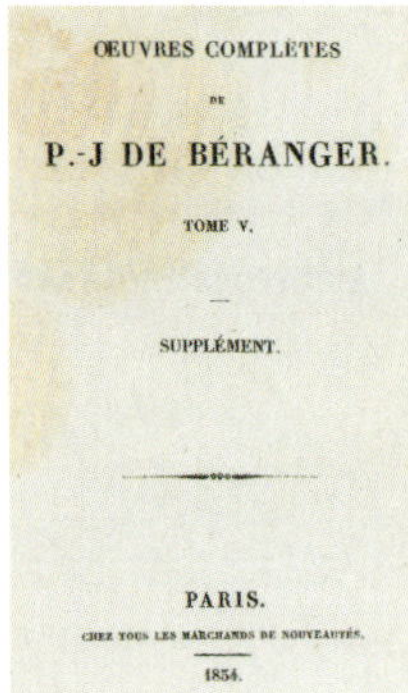
ŒUVRES COMPLÈTES
DE
P.-J DE BÉRANGER.
TOME V.
SUPPLÉMENT.
PARIS.
CHEZ TOUS LES MARCHANDS DE NOUVEAUTÉS.
1834.

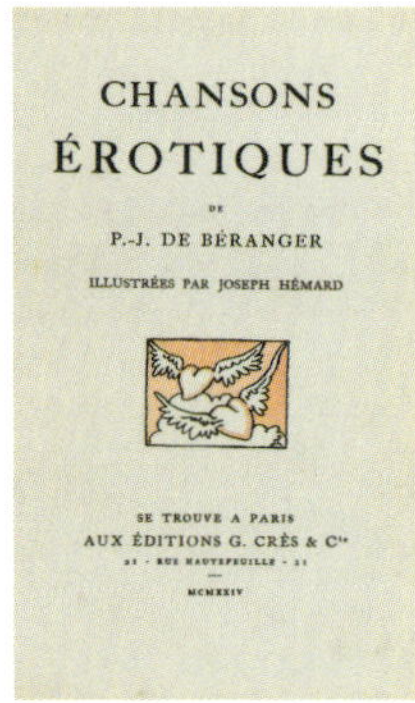
CHANSONS
ÉROTIQUES
DE
P.-J. DE BÉRANGER
ILLUSTRÉES PAR JOSEPH HÉMARD
SE TROUVE A PARIS
AUX ÉDITIONS G. CRÈS & Cie
21 - RUE HAUTEFEUILLE - 21
MCMXXIV

Un mystérieux cinquième tome

Le nom de Pierre Jean de Béranger est associé à celui de la chanson paillarde, aussi méprisée par les poètes officiels que la chanson de salle de garde. Las pour ces esprits trop sérieux, le succès de ces ritournelles doit autant aux jeux de mots grivois qu'à la nostalgie : quel adulte n'a pas été une petite fille espiègle ou un polisson en puissance chantonnant des couplets plus ou moins osés ?

C'est en 1834 que paraissent les *Œuvres complètes* de Béranger… qui ne le sont vraiment qu'avec un cinquième tome, clandestin, réservé à quelques amateurs avertis. La Restauration et le clergé figurent parmi les cibles privilégiées du chansonnier, ce qui ajoute des motifs de poursuites au caractère déjà fortement sexué de ce recueil. Les splendides illustrations qui sont ici reliées à la suite du texte en témoignent.

Mais le subterfuge ne permit pas de berner totalement la censure. Deux imprimeurs furent condamnés par la cour d'assises de la Seine, et la destruction de leur stock fut ordonnée.

Ces quarante-quatre pièces furent pourtant les plus rééditées de l'œuvre de Béranger, bien souvent sous le manteau, les intitulés variant des *Gaietés de Béranger* à *Chansons galantes*.

En 1924, elles paraissent une énième fois, dans le même ordre immuable : les textes n'ont pas changé. Mais les images sont devenues moins audacieuses, et la morale s'est un peu adoucie pour ce qui incarne désormais « le » classique d'un genre inusable.

Pierre Jean de Béranger, *Œuvres complètes*, tome V, supplément,
Chez tous les marchands de nouveautés, **1834**.
Pierre Jean de Béranger, *Chansons érotiques*, G. Crès & Cie, **1924**.

LA BACCHANTE.

BON VIN ET FILLETTE.

LE MAITRE D'ÉCOLE.

MADAME GRÉGOIRE.

LE PÉLERINAGE DE LISETTE

JEANNETTE.

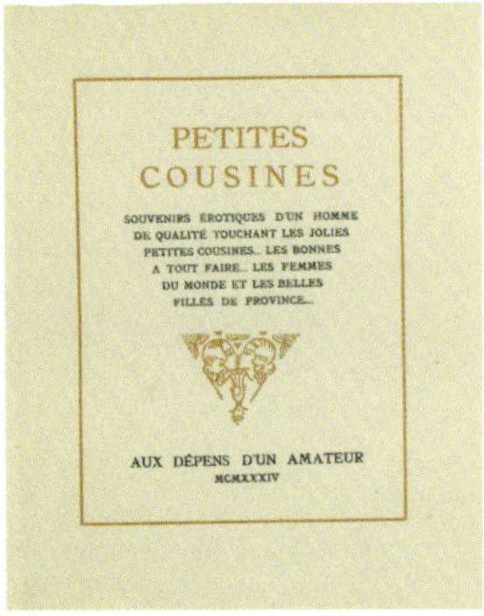

Mac Orlan, érotomane invétéré

Les plus grands noms d'écrivains sont mêlés à l'histoire de la littérature érotique. Mais il est souvent de bon ton de ne voir là qu'un jeu isolé au cœur d'une bibliographie plus présentable ; ou d'affirmer que le romancier de renom ne s'est adonné au libertinage livresque que le temps de pouvoir vivre de sa « vraie » veine. Il en est de même, selon ses adorateurs pudiques de Pierre Mac Orlan, le célèbre auteur du *Quai des brumes*.
Dommage pour la biographie officielle, celui-ci a signé plus d'une quinzaine d'érotiques, genre qu'il aborde dès 1908. Avant d'utiliser de multiples pseudonymes, masculins ou féminins, il publie même *La Comtesse au fouet* sous son vrai nom de Pierre Dumarchey. Notre romancier prolifique suit ainsi la mode du récit de flagellation, qui domine *(sic)* alors : *Petite Dactylo*, *Lise fessée* ou *Baby douce fille* l'attestent. Il pastiche ensuite la comtesse de Ségur en livrant *Mlle de Mustelle et ses amies*. *Petites Cousines* sort en 1919, alors que Mac Orlan connaît déjà les faveurs d'un public plus familial depuis l'année précédente, avec *Le Chant de l'équipage*.
L'entrée à l'Académie Goncourt, en 1950, se fait à l'unanimité. L'affaire est moins simple lorsque, en 1967, il est fait commandeur de la Légion d'honneur, décernée par Georges Pompidou sur proposition d'André Malraux, alors ministre de la Culture. Il se raconte que le Premier ministre de l'époque, après avoir pris connaissance de l'enquête de moralité faisant état de l'ampleur de la production érotique, murmura au récipiendaire, en lui remettant ses insignes, que trois romans de jeunesse écrits pour manger ne faisaient plus obstacle. Mac Orlan dut bien s'amuser de cette présentation édulcorée et réduite en nombre de son œuvre si peu cachée.

(Pierre Mac Orlan), *Petites Cousines*, Aux dépens d'un amateur, 1934.

— Rien, ce n'est pas une réponse, ma petite sœurette, tu me caches quelque chose.

Après bien des hésitations, Marcelle se laissa aller aux confidences. Le crépuscule de la nuit estompait les meubles du grand salon où nous étions assis l'un à côté de l'autre sur une bergère Empire que je vois encore.

— Voilà, me dit Marcelle après avoir hésité un peu. Je vais te raconter quelque chose. Mais il faut que tu me promettes de le garder pour toi... Jure-le.

Je fis le serment demandé.

— Il y a de cela huit jours à peine, commença Marcelle.

— Firmin était encore à la maison? interrompis-je.

— Parbleu, je le crois, c'est de Firmin qu'il s'agit.

Ici, il est bon de dire que Firmin était un domestique servant à la fois de valet de chambre et de cocher. C'était un homme d'une trentaine d'années, grand et solide. Une vraie tête de larbin complétée par un gilet à rayures noires et jaunes.

Les remords du vendeur de best-seller

Le jeune Jean-Charles Gervaise de Latouche est à peine âgé de 25 ans lorsqu'il se lance, avec insouciance, dans l'anticléricalisme libertin. Il publie anonymement, en 1741, son *Histoire de dom B..., portier des Chartreux*.
Le livre devient immédiatement un best-seller : les aventures polissonnes du héros, Saturnin, sont rééditées sans cesse. Le titre varie au gré des impressions clandestines et pirates dans le dessein d'échapper aux services de police, à la traque d'un ouvrage qu'ils ont tôt fait de référencer sous chaque nouvel intitulé. C'est ainsi que le même roman paraît en parallèle comme l'*Histoire de Gouberdom, portier des Chartreux, Les Mémoires de Saturnin, Le Portier des Chartreux, l'Histoire de Saturnin*, etc. Un autre récit resté anonyme, les *Mémoires de Suzon, sœur de D... B...*, portier des Chartreux, sort peu après et connaît à son tour nombre d'éditions !
Un exemplaire de l'œuvre de Gervaise de Latouche est retrouvé, en 1746, en la possession d'Adélaïde, une des filles de Louis XV, qui n'a pas encore 15 ans... La dame d'honneur chargée de surveiller la progéniture royale se fait sérieusement tancer, tandis que, de notoriété publique, la Pompadour conserve précieusement son propre volume. Le bouche-à-oreille est alimenté par les condamnations à répétition. Et le commerce de cette œuvre unique se trouve relancé à chaque saisie. Au point que l'abbé Nourry lui-même est surpris en pleine revente de nombreux exemplaires...
Gervaise de Latouche n'est pas inquiété, malgré les supicions qui existent à son encontre. Il devient par la suite avocat au Parlement de Paris et se met peu à peu à regretter son succès. En 1782, juste avant de mourir, il finit par demander, comble de l'ironie pour l'ancien romancier anticlérical, l'absolution au prêtre appelé à son chevet. C'est d'ailleurs la première fois qu'il confesse clairement la paternité de son incroyable best-seller.

(Jean-Charles Gervaise de Latouche), *Le Portier des Chartreux*, 1909.

FRONTISPICE

Un siècle ardent

MELCHIOR ARDENT, paru en 1800, met ainsi un terme au siècle d'or du libertinage. Car l'Europe entière s'est tournée vers la France du XVIIIe siècle, dont la littérature fait alors preuve d'une suprématie sans partage sur l'art du plaisir.

Dès la Régence, le ton est donné : Villart de Grécourt publie *L'Origine du petit bout des tétons* et *Le Cul de la Camargo*. Les contes de fées érotiques prennent vite le relais, frayant sous le manteau avec des chefs-d'œuvre plus réalistes. La production est pléthorique, les grands noms côtoyant d'audacieux – mais talentueux – inconnus. Les livres érotiques pullulent jusqu'à Versailles. Les abords des Grandes Écuries du roi ou la cour de l'hôtel de Soubise comptent au nombre des lieux de vente les plus fameux. Andréa de Nerciat commence sa carrière d'écrivain libertin tout en portant le titre de capitaine des gendarmes du roi... Robbé de Beauveset, protégé par la du Barry, la favorite de Louis XV, rédige *Le Débauché converti*. En 1749, la police est même dépêchée pour perquisitionner au château et saisir les ouvrages séditieux, dont la diffusion reprend de plus belle dans le parc !

Vient ensuite le temps des récits et pamphlets érotiques où se jouent les préliminaires... de la Révolution. Ces libelles servent à la fois de livres coquins et de charge politique à l'encontre de telle duchesse, de tel gentilhomme, de Marie-Antoinette et de son royal époux. Attaquer le régime en décrivant ses mœurs dissolues devient une sorte de joute stylistique sans fin. La Bastille tombée, chaque opuscule libertin vise un des nouveaux courants idéologiques. Avec l'ascension de Bonaparte, le nombre des cibles s'amenuise. La littérature coquine reprend ses droits sur le genre érotico-politique. *Melchior ardent*, publié anonymement par Louise-Marie Suremain sans mention de date, mais à l'aube du XIXe siècle, signe ce retour en force du récit purement polisson.

(Louise-Marie Suremain), Mme S***, *Melchior ardent*, LEFORT/MOUTARDIER, 1800.

Pag. 41.

Palper mes habits, me retourner dans tous les sens ....

MELCHIOR ARDENT, OU LES AVENTURES PLAISANTES D'UN INCROYABLE,

PAR M.me S***

A PARIS,

Chez LEFORT, Libraire, rue du Rempart Honoré, n°. 961, dens l'enfoncement de la rue, à côté du Cordonnier, tout près de la rue de la Loi.
MOUTARDIER, Imprimeur-Libraire, Quai des Augustins.

Le témoin indiscret

Les *Mémoires d'une puce* sont la traduction d'un texte anglais originellement édité sous le manteau, à Londres, en 1881. L'ouvrage a été publié en français (tout aussi clandestinement) huit ans plus tard, sous l'intitulé *Souvenirs d'un insecte,* puis *Autobiographie d'une puce.*

La narratrice, une puce qui fréquente successivement les toisons de Bella et de Julia, y rapporte des aventures de plus en plus scabreuses. L'inventivité des scènes auxquelles notre petit intrus participe est directement issue de la veine érotique née sous le règne de fer de Victoria.

Mais surtout, le récit repose sur le principe – déjà bien connu dans la littérature grivoise – du témoin involontaire placé au cœur de l'action. Ce procédé a donné plusieurs de ses meilleurs ouvrages à la littérature licencieuse, des célèbres *Bijoux indiscrets* de Diderot au *Sopha* en passant par *Le Canapé couleur de feu*, l'*Histoire d'un godemiché*, *L'Odyssée d'un pantalon*, les *Mémoires d'une petite culotte*, sans compter les *Mémoires d'une chaise longue*.

Le succès de cette forme de voyeurisme littéraire ne s'est donc jamais démenti. L'auteur de notre *Tailleur*, la marquise de Mannoury d'Ectot, l'a bien compris, elle qui est sans doute la première romancière à s'attaquer au genre érotique.

Sa vie privée ne manque d'ailleurs pas de piquant. Elle tient d'abord salon au manoir d'Argentan, y recevant des artistes en tout genre. Puis, devenue veuve, elle dilapide sa fortune en gigolos. Elle fonde alors une agence matrimoniale et se met en parallèle à l'écriture de livres libertins...

Après les *Mémoires secrets d'un tailleur pour dames*, publiés en 1880, la marquise enchaîne avec *Les Cousines de la colonelle* sous le pseudonyme de vicomtesse du Cœur-Brûlant ! Florentine et Julia y sont mariées à

Victorien du Saussay, *Mémoires d'une chaise longue,* Albert Méricant.
Mémoires d'une puce, Paris, 1913.
(Marquise de Mannoury d'Ectot), *Mémoires secrets d'un tailleur pour dames,* Gay et Doucé, 1880.

l'instigation de leur colonelle de cousine. Mais c'est une fois... veuves qu'elles se livreront librement aux plaisirs de la chair.

Le Roman de Violette, chef-d'œuvre lesbien, lui est désormais attribué. S'y retrouve le personnage d'une comtesse de Mainfroy, veuve qui s'entiche de la jeune Violette et va jusqu'à prendre pour maîtresse une rivale de façon à la détourner de leur proie commune.

Le moins que l'on puisse dire, c'est que la marquise de Mannoury d'Ectot s'est assez vite affranchie du milieu d'origine de feu son mari pour embrasser une vocation cachée de grande romancière érotique où veuvage, libertinage et aristocratie font... bon ménage.

Les turqueries de Maupassant

LA VIE AMOUREUSE de Guy de Maupassant est célèbre. Ses écrits érotiques le sont moins. Son texte le plus sulfureux reste *À la Feuille de rose, maison turque*. Cette courte pièce de théâtre met en scène M. Beauflanquet, maire de Conville, et son épouse. Ce couple de bourgeois de province descend « À la Feuille de rose, maison turque, salons et cabinets meublés ». Il s'agit d'une maison close qu'ils prennent pour un hôtel où résideraient l'ambassadeur de Turquie et son harem.

Le défilé des clients est l'occasion de reparties cocasses et de scènes souvent ardues. Les dialogues sont prétexte à des jeux de mots parfois très grivois et à une déclinaison de vocabulaire argotique, imaginaire (« ze la fous, ze la bifous, ze la trifous, ze la refous ») ou amoureux (on essaie de la « feuille de rose » au « postillon » en passant par le « gamin », le « petit salé » ou encore la « paresseuse »). L'idée est due à Flaubert et est reprise par Maupassant en 1875. Il a alors 25 ans et en parle lui-même comme d'une « pièce absolument lubrique ».

À la Feuille de rose, maison turque n'a été jouée que deux fois, mais dans une distribution étonnante et devant un parterre de qualité. Octave Mirbeau tient le rôle de M. Beauflanquet. Zola y assiste avec Edmond de Goncourt, qui qualifie l'œuvre de « salauderie » dans son célèbre *Journal*. Flaubert, invité sur du papier à en-tête du ministère de la Marine et des Colonies..., y rit à gorge déployée et répète pour commentaire : « C'est très frais ! » Tourgueniev et Daudet, qui étaient conviés à une représentation, ne purent s'y rendre. Lors de la seconde, en 1877, Maupassant joue sa propre pièce dans le rôle travesti de Raphaële. Des dames du monde y assistent, masquées bien entendu.

La pièce est imprimée pour la première fois en 1945, clandestinement. *La Feuille-de-Rose* est d'ailleurs le nom de la yole de Maupassant, qu'il garde à Bezons. Ironie du sort, Maupassant, syphilitique, est hospitalisé l'année de sa mort, en 1893, dans l'établissement du docteur Blanche à Passy, où siège aujourd'hui l'ambassade de Turquie.

(Guy de Maupassant), G. de M., *À la Feuille de rose, maison turque,* **1945**.

G. de M.

A LA FEUILLE DE ROSE

MAISON TURQUE

Comédie de mœurs (mauvaises)
en un acte en prose
représentée pour la première fois
à Paris en 1875

PARIS

1945

G. de M.

A LA FEUILLE DE ROSE

MAISON TURQUE

Comédie de mœurs (mauvaises)
en un acte en prose
représentée pour la première fois
à Paris en 1875

PARIS

1945

Un théâtre d'un nouveau genre

Les pièces gaillardes de Maupassant *(À la Feuille de rose, maison turque)* ou d'Alfred de Musset *(Gamiani ou Deux Nuits d'excès)* sont aujourd'hui bien connues. Mais c'est à peine si elles furent jouées devant un public choisi. Telle n'est pas l'ambition de l'Erotika Theatron, dont la salle est inaugurée en 1862 à Paris, rue de la Santé (alors aux Batignolles !). Son nom rend hommage à l'*Erotika Biblion* de Mirabeau. L'endroit est l'œuvre d'un petit bataillon d'écrivains qui se liguent avec le marionnettiste Lemercier de Neuville et leur hôte, le dramaturge Amédée Rolland, propriétaire des lieux. Alphonse Daudet, le poète Théodore de Banville ou encore le feuilletoniste Paul Féval sont de la soirée d'ouverture.

Le théâtre ne fonctionne que durant deux années, au cours desquelles Henri Monnier, déjà âgé de 64 ans, donne *La Grisette et l'étudiant*. Monnier écrit notamment par la suite *Deux Gougnottes*, comédie dans laquelle il met à nouveau en scène son personnage de Joseph Prudhomme, voisin sans cesse dérangé par les soubresauts de la chambre mitoyenne de la sienne...

Henri Monnier a jusqu'ici produit une œuvre officielle et refuse d'endosser la paternité de ses sotties érotiques. L'éditeur Poulet-Malassis, qui a déjà publié un recueil baptisé *Le Théâtre érotique de la Santé* entreprend de le confondre : il reproduit sous le titre *L'Enfer de Joseph Prudhomme*, en 1866, une anthologie complète des écrits officieux de Monnier, accompagnée d'un fac-similé de ses manuscrits pour que les lecteurs n'aient aucun doute sur l'identité de l'auteur.

Henri Monnier, *L'Enfer de Joseph Prudhomme*.

PORT
DU
VOISIN

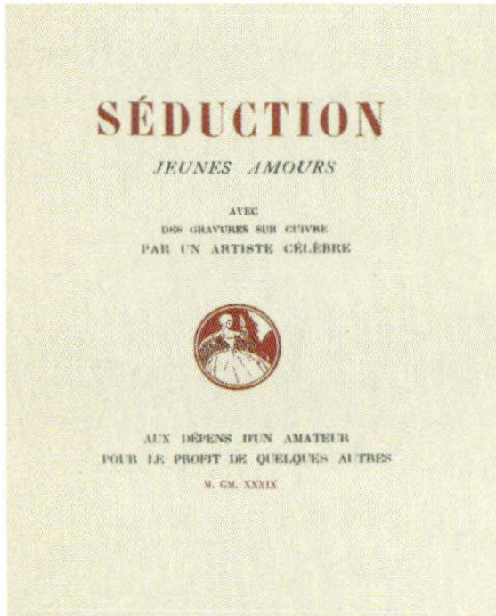
SÉDUCTION

JEUNES AMOURS

AVEC
DES GRAVURES SUR CUIVRE
PAR UN ARTISTE CÉLÈBRE

AUX DÉPENS D'UN AMATEUR
POUR LE PROFIT DE QUELQUES AUTRES
M. CM. XXXIX

La Belle Époque perdure

SÉDUCTION est représentatif d'une fausse « Belle Époque ». Une guerre, la « première mondiale », s'est en effet écoulée alors que triomphe clandestinement cet ouvrage anonyme.

Séduction connaît au minimum cinq éditions successives, dont l'originale remonte à 1902. Mais son succès s'inscrit entre les deux guerres et remonte véritablement à 1920, avant que l'ouvrage soit repris sous des formats différents en 1930, 1935, etc.

L'insouciance semble dans l'air du temps : notre exemplaire est soigné, des illustrations à l'emboîtage coûteux. Ce dernier, supposé assurer une certaine discrétion au volume séditieux, sublime en fait le livre sulfureux par sa haute taille, sa couleur (du bleu ciel au rose tendre) attirant l'attention dans un rayonnage de bibliothèque, sans que pour autant le simple visiteur pousse la curiosité jusqu'à attraper la boîte anodine et l'ouvrir pour en feuilleter le contenu en présence de la maîtresse de maison.

L'emboîtage de livres très audacieux va devenir une forme récurrente de l'édition érotique. Le caractère luxueux et un format de plus en plus imposant vont permettre la production d'une série de volumes où se mêlent les classiques agrémentés de nouvelles images, comme les textes sans auteur officiel mais à l'audace avouée.

Le tout rend l'objet présentable, à la rigueur achetable par le « bourgeois » qui s'encanaille. Le filon de l'ouvrage luxueux sous emboîtage perdurera jusqu'au début des années 1970. C'est l'âge d'or des éditeurs malins, qui usent de la face cachée des amateurs ayant cabinet ou fonction officielle bien en vue.

Séduction, AUX DÉPENS D'UN AMATEUR POUR LE PROFIT DE QUELQUES AUTRES, 1939.

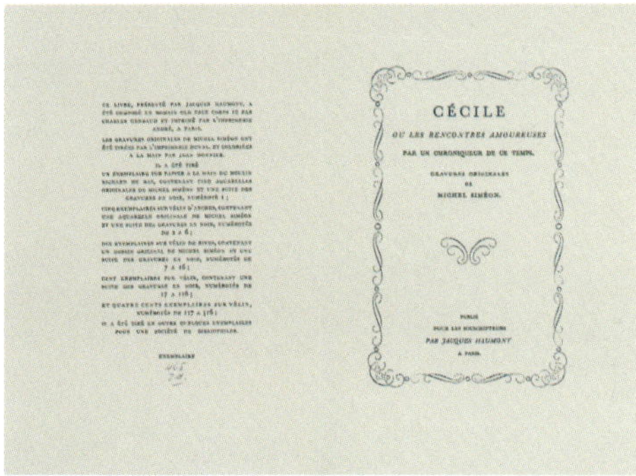
CÉCILE
OU LES RENCONTRES AMOUREUSES
PAR UN CHRONIQUEUR DE CE TEMPS.
GRAVURES ORIGINALES
DE
MICHEL SIMÉON.
PUBLIÉ
POUR LES SOUSCRIPTEURS
PAR JACQUES HAUMONT
A PARIS.

Des clubs… de livres

CÉCILE, publié sous un étui discret à une date incertaine de l'après-guerre, incarne la veine prolifique des clubs de livres érotiques, dont les productions sont réservées aux souscripteurs, qui les reçoivent sous pli évidemment discret…

Le Cercle du livre précieux, lancé par Claude Tchou, représente un temps le sommet du genre : l'éditeur ira jusqu'à « offrir » huit volumes en une seule livraison, rééditant des classiques du libertinage, le tout présenté dans une lourde cage de métal fermée d'un cadenas ! Bien téméraire serait en effet le convive qui s'enhardirait à demander à ses hôtes, entre la poire et le fromage, quels sont les titres contenus dans un tel décor.

L'Écrin secret du bibliophile, que commercialise la même maison, groupe des textes épars par lots de quatre : là encore, comme pour *Cécile*, sous un emboîtage certes volumineux mais « montrable », en apparence, dans une honnête bibliothèque.

Au total, plus de soixante-dix livres du Cercle du livre précieux rejoignent l'Enfer de la Bibliothèque nationale, à l'instar de trente-cinq ouvrages imprimés, comme *Cécile*, pour Jacques Haumont. Ils y côtoient des opuscules égarés en provenance du Club des bibliophiles, de celui des Libraires de France ou encore du Club français du livre.

Cécile ou les Rencontres amoureuses, Jacques Haumont.

L'édition pour quelques-uns

LES TEXTES ET LES DESSINS COQUINS sont parfois diffusés à un très petit nombre. La police guette, les libraires s'inquiètent, les amateurs doivent s'organiser. Il n'est pas rare qu'un livre soit réservé à une poignée de lecteurs avertis. La mention du tirage « limité à trente exemplaires » n'est cependant pas toujours fiable. Il s'agit, en amenuisant la portée de l'offense, de tromper la maréchaussée et la justice, qui n'auront guère à cœur de poursuivre un gibier si ténu. De plus, si le bibliophile croit lui aussi à la rareté de la marchandise proposée, le prix en sera d'autant augmenté.
Parfois, l'éditeur s'est cru malin d'annoncer « vingt exemplaires numérotés » : l'affaire tourne au vinaigre lorsque l'acheteur découvre qu'il a en sa possession un volume estampillé à la main d'une mention maladroite indiquant qu'il s'agit de l'« exemplaire n° 24/20 »... Du tort d'avoir confié la plume à un jeune assistant, qui compte trop scrupuleusement ! Il est aussi parfois imprimé « aux dépens de quelques amateurs », comme si une société secrète de bibliophiles s'était cotisée à l'avance. En réalité, seuls quelques groupuscules de trublions ne font véritablement pas commerce : les « pirates barbaresques » ont ainsi sévi le temps de quelques livraisons pour le seul plaisir d'offrir un texte coquin inédit à leurs amis les plus proches.
Dans cet esprit existent aussi de vraies curiosiés inhabiuelles : tel est le cas de *La Nuit de noces d'un aéronaute*, destinée à contenir en dernière page le menu d'un enterrement de vie de garçon. Il en a été confectionné autant d'échantillons qu'il y a eu de joyeux convives invités. Le volume ne dit pas si des dames assistaient au repas et ce qu'il en est advenu...

La Nuit de noces d'un aéronaute, 1909.

Et pour que rien n'y manque : ceci est le grappin !

La gauloiserie de Simenon

À L'INVERSE des publications confidentielles, la « Collection gauloise », lancée par les éditions Prima, a connu plus de deux cents titres, commercialisés à intervalles réguliers entre 1926 et 1935. Il s'agit de fournir des textes grivois de format réduit au rythme initial de deux par mois, à « dates fixes ».
L'abondance de cette production nécessite très vite d'élargir les sujets et de quitter la Gaule : les harems comme les « Négresses » sont vite appelés en renfort. Sans compter qu'il faut recruter des talents capables de tenir la cadence, quitte à emprunter divers pseudonymes pour laisser croire au lecteur quasiment abonné qu'une profusion d'écrivains varient les aventures galantes... souvent préformatées. L'inépuisable Renée Dunan est ainsi mise à contribution intensive.
Au diable le patriotisme de la « Collection gauloise » ! Un Belge prolifique signe notamment *L'Amour à tous les étages* : Georges Simenon prend alors Gom Gut pour nom de plume.
Des éditeurs concurrents tentent sans succès de détrôner la « Collection gauloise » et son écurie de romanciers payés au fascicule. Apparaissent ainsi les « Romans folâtres », qui ne s'ébattront pas longtemps. De même, d'autres clientèles sont recherchées par cette forme d'édition toujours en vigueur aujourd'hui pour les récits sentimentaux, d'espionnage ou... encore et toujours les textes les plus crus. *L'Amour* ne connaît que huit numéros, en 1925 : l'éditeur vise en effet le marché homosexuel masculin, en la présentant comme « la revue érotique à l'usage de tous les fervents des plaisirs » !

Jean d'Arvor, *Le Harem en folie*, PRIMA, 1927.
Georges Damian, *Une petite dévergondée*, PRIMA, 1929.
Renée Dunan, *Le Petit Passionné*, PRIMA, 1926.
Renée Dunan, *Voluptés puritaines*, PRIMA, 1928.

Le roman complet 1 Fr.
LE HAREM EN FOLIE
Collection Gauloise
67, rue Servan, 67
:: PARIS (XIe) ::

Le roman complet 1 Fr.
UNE PETITE DÉVERGONDÉE
Collection Gauloise
67, rue Servan, 67
:: PARIS (XIe) ::

Le roman complet 1 Fr.
LE PETIT PASSIONNÉ
Collection Gauloise
67, rue Servan, 67
:: PARIS (XIe) ::

Le roman complet 1 Fr.
VOLUPTÉS PURITAINES
Collection Gauloise
67, rue Servan, 67
:: PARIS (XIe) ::

Renée la fougueuse

Il existe bien sûr quelques femmes – et non des moindres, si l'on remonte à Sapho – dans l'histoire foisonnante de la littérature érotique. Mais il faut attendre le début du XXe siècle pour qu'émergent des concurrentes en nombre.

Un large groupe d'Amazones se détache, faisant la part belle aux aventures exclusives entre dames. Puis viendront les règnes d'Anaïs Nin, de Colette et, plus tard encore, de Dominique Aury ou d'Emmanuelle Arsan avec *Histoire d'O* et *Emmanuelle.*

La plus fougueuse de ces romancières, la première à s'engager dans un érotisme littéraire incessant, reste Renée Dunan.

Cette fille d'industriel avignonnais, scolarisée au couvent..., se tourne d'abord vers le journalisme dans les milieux anarchistes et socialistes.

En 1922, à l'âge de 30 ans, elle change de registre : sa contestation s'exprime coup sur coup avec *La Triple Caresse* et *La Culotte en jersey de soie* ! Sa plume se fait plus audacieuse au fur et à mesure que la cadence accélère : elle rédige dans la foulée *Baal ou la Magicienne passionnée, La Flèche d'amour, Mimi Joconde ou la Belle sans chemise, Je l'ai échappé belle, Frissons voluptueux* ainsi qu'*Entre deux caresses*, que l'éditeur de romans très érotiques Jean Fort publie en 1927. La même année, elle « passe » en clandestinité avec *Les Caprices du sexe*, sous le nom de Louise Dormienne.

Drôlerie, absence totale de pudeur et... tendresse à intervalles composent le talentueux cocktail que Renée Dunan reproduit dans plus d'une cinquantaine de livres, avant de s'éteindre à 44 ans. La barre est fixée si haut sur l'échelle des curiosités dues à des écrivaines qu'elle n'a pas été dépassée à ce jour.

Renée Dunan, *Entre deux caresses,* Jean Fort, 1927.

ENTRE DEUX
CARESSES
ROMAN
PAR
RENÉE DUNAN

Une carrière littéraire et amoureuse née sous le signe de Polytechnique

Le père de Willy avait fondé les éditions Gauthier-Villars, au catalogue duquel figuraient les sérieuses publications de l'École polytechnique. Willy ne fait pas honneur à la sagesse paternelle, mais hérite du sens du commerce. Il donne vite au mot « polytechnique » sa pleine signification, en menant une carrière littéraire et amoureuse très éclectique.

Il se marie en 1893 avec Colette, alors qu'elle a tout juste 20 ans. Il lui fait écrire ou signer la célèbre série des *Claudine*. À la seconde lecture, certains volumes révèlent entre les lignes une description de rapports entre les personnages aisément qualifiables de pervers.

Entre deux *Claudine*, Willy « offre » sa maîtresse, Polaire, à sa jeune épouse… On connaît la suite des frasques du couple, lui allongeant sans cesse la liste de ses conquêtes, elle s'engageant notamment dans des ménages à trois. Après leur divorce, tous deux continuent une vie livresque et privée où le scandale alterne avec de relatives accalmies.

En 1908, Colette livre *L'Ingénue libertine*, qu'elle compose en fondant en un seul tome *Minne* et *Les Égarements de Minne*, écrits à l'origine sous la houlette de Willy. L'intrigue repose sur la frigidité d'une jeune femme, qui enchaîne les amants sans plus de succès qu'avec son mari… *Chéri* puis *Le Blé en herbe*, datant respectivement de 1920 et de 1923, se penchent sur les relations entre un jeune homme et une femme plus âgée. En 1932, *Ces plaisirs* flirte avec la censure. Willy n'est pas en reste puisqu'il publie entre-temps, en 1927, *Le 3ᵉ Sexe*, qui lui permet d'aborder un sujet dont son épouse, passée du statut de marionnette à celui de femme libérée, ne s'est pas encore emparée.

Willy, *Le Troisième Sexe*, Paris Édition, 1927.

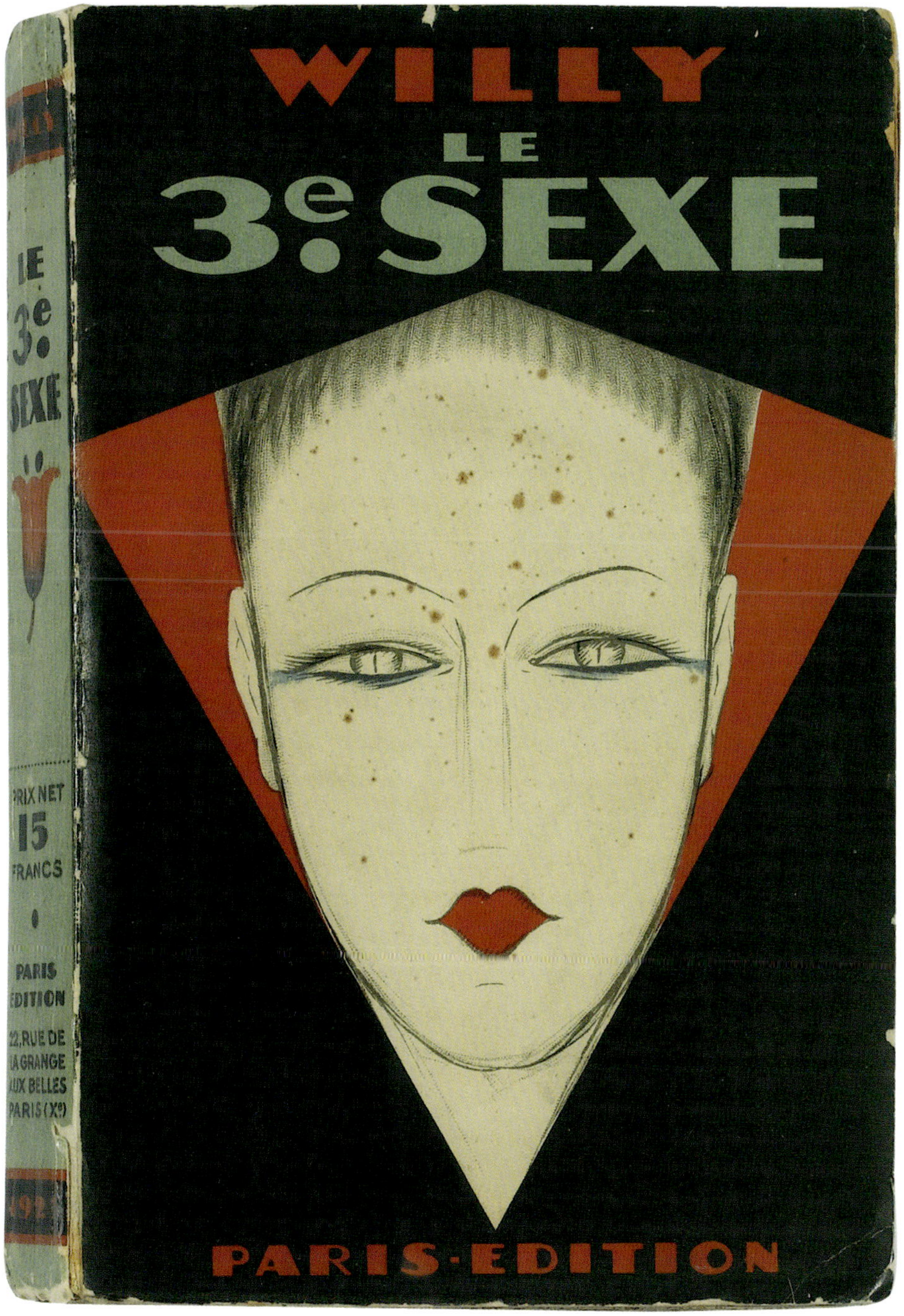
WILLY
LE
3e SEXE
PARIS-EDITION
LE
3e
SEXE
PRIX NET
15
FRANCS
PARIS
EDITION
22, RUE DE
LA GRANGE
AUX BELLES
PARIS (Xe)

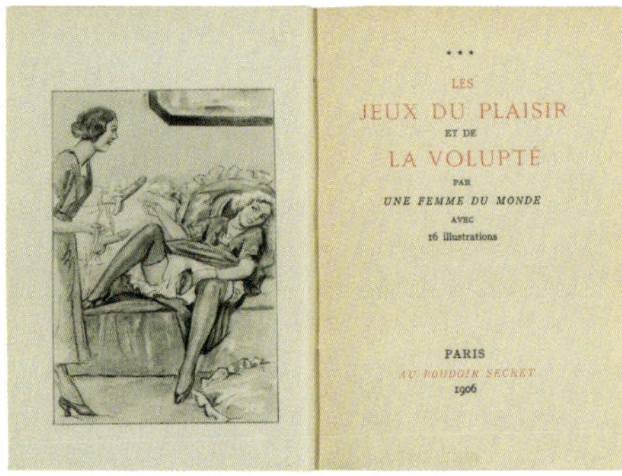

Des lesbiennes pour hétéros !

L'ÉROTISME « lesbien » est surreprésenté au sein de la littérature libertine. Il s'agit souvent d'une production masculine destinée à… des hétérosexuels. Le fantasme des deux femmes seules observées par le trou de la serrure, ou du mâle passant du sein d'une blonde aux cuisses d'une brune, demeurant à travers les siècles une sorte de valeur sûre de l'édition de *curiosa*.

La thématique de l'univers lesbien, présenté à la fois comme ardent et hostile, s'est particulièrement perpétuée au tournant des XIXe et XXe siècles. *Deux Gougnottes* d'Henri Monnier, publié en 1864, en est un des exemples les plus marquants. Suivent, de divers anonymes, *Lesbia, maîtresse d'école* en 1890, *Julia la gougnotte* en 1895… Georges de Lesbos (!) signe en 1893 *Voluptés bizarres* ainsi que *Chaudes Saturnales*.

Le godemiché est un objet fréquemment utilisé par ces « lesbiennes » du second rayon. Le couvent est aussi un décor privilégié des pornographes amateurs de lesbianisme. Tel est le cas dans *Les Émotions de Suzette* (l'ouvrage sera publié et republié à partir de 1894), qui précède d'une année *Sœur Paloma la gougnotte* ! C'est encore là que se déroule *La Luxure au couvent*, sortie en 1902 sous la plume d'un très prolifique érotomane connu notamment sous le pseudonyme de Le Nismois. Le même auteur a également écrit *La Louve* en 1899 et *L'Hermaphrodite* en 1900.

1906 voit naître *Les Jeux du plaisir et de la volupté*. Et, dès 1911, Grimaudin d'Echara, autre stakhanoviste du roman érotique, commence à dépeindre des amours lesbiennes dans la série *Passions de femmes*. La veine semble inépuisable…

Une femme du monde, *Les Jeux du plaisir et de la volupté*, AU BOUDOIR SECRET, 1906.

Alors, sans me soucier de ses protestations, car il continuait à protester, l'imbécile, je vins, en lui tournant le dos, m'asseoir sur ses genoux après m'être retroussée. J'accolai le vit bien raide à ma fente et, m'affaissant, je le logeai tout entier et bien à fond dans mon conin. L'une de mes mains, ramenée par dessous, lui tripota les couilles... ce qui était une manière et la meilleure de ne pas le laisser me faire faux bond en cours de route. Accoudée sur le rebord de la loge, ce fut à coups de cul que j'assurai le va-et-vient et que je pompai la première jouissance de cet excellent jeune homme tandis que, des fauteuils d'orchestre, sa charmante sœur qui se doutait de ce qui se passait derrière moi, me faisait discrètement des signes d'intelligence.

A peine me vit-elle seule qu'elle accourut et vous devinez de quelle façon je la régalai, la petite cochonne. Elle en eut les lèvres engluées tellement son frère m'avait fait bonne mesure !

Voici donc, mes toutes belles, deux aventures qui ne se ressemblent guère, comme vous le voyez. Dans l'une je me le suis laissé mettre, dans l'autre je me le suis mis... Eh bien, je ne saurais dire vraiment laquelle m'a donné le plus

L'homoérotisme caché

Les textes qui décrivent des relations sexuelles masculines sont beaucoup plus rares que les récits d'amours lesbiennes, qui, eux, répondent à nombre de fantasmes de leurs auteurs masculins.

Les scènes de garçons se glissent au hasard d'une page de Sade ou dans *Les Onze Mille Verges* de Guillaume Apollinaire. La poésie permet de décliner des vers très allusifs : le célèbre *Hombres* de Paul Verlaine paraît clandestinement en 1891. Au XXe siècle, de grands noms (Cocteau, Gide, Montherlant, etc.) se mêlent aux petits maîtres pour donner des livres soit très chastes, soit clandestins, soit isolés.

Du côté officiel se retrouvent *Les Amitiés particulières* de Roger Peyrefitte, sorties en 1944. Le roman fait scandale, mais devient vite un « livre culte ». *Jean-Paul*, de Marcel Guersant, édité en 1953, provoque également un grand émoi en présentant cette fois une vision très sombre de l'homosexualité. Les Anglo-Saxons brillent aussi, de Forster, qui écrit en 1913 le désormais célèbre *Maurice*, à Gore Vidal, livrant, en 1948, *Un garçon près de la rivière*. La face cachée de l'édition érotique recèle des récits audacieux, depuis *Les Péchés des cités de la plaine*, parus en Angleterre en 1881, jusqu'à P. D. Rast *(sic)*, qui signe en 1907 *Pédérastie active*, auquel répond en 1911… *Pédérastie passive ou les Mémoires d'un enculé*.

L'édition de littérature érotique homosexuelle prend ses marques dans l'entre-deux-guerres. *Le Keepsake galant*, anthologie publiée en 1924, comprend de nombreuses références aux lesbiennes mais aussi des textes gays. Après la Seconde Guerre mondiale, la censure est toujours de mise pour toutes les formes de sexualité. *Les Amours de l'enseigne Frœlich*, qui paraissent en France en 1952, usent habilement des codes homoérotiques, destinés à ferrer une clientèle choisie, tout en réussissant la prouesse de rester officiellement en vente.

James Barr, *Les Amours de l'enseigne Frœlich*, Les Éditions de Paris, 1952.

JAMES BARR
Les amours de l'enseigne Frœlich

Cocteau clandestin, puis à demi révélé

Dès 1908, le jeune Jean Cocteau, alors âgé de 19 ans, connaît ses premiers succès littéraires et mondains : ses poèmes sont lus au théâtre Fémina.
En 1912, il commence à écrire pour Diaghilev. Il fonde les éditions de la Sirène, aux côtés de Blaise Cendrars, en 1918. La même année, il devient porte-parole du fameux groupe des Six, qui comprend, entre autres, Darius Milhaud et Francis Poulenc. C'est encore en 1918 qu'il rencontre Raymond Radiguet, le futur auteur du *Diable au corps*. À la mort de celuici, en 1923, Jean Cocteau s'intéresse au catholicisme, dont il se détache en 1926. Il devient surtout opiomane. De sa désintoxication au cours de l'hiver 1928-1929 il tire *Opium*, édité en 1930.
Mais entre-temps, en 1928, il publie clandestinement *Le Livre blanc*. Inspiré de sa liaison avec un marin nommé Pas-de-Chance qui sera poursuivi pour vol. *Le Livre blanc* évoque diverses aventures amoureuses homosexuelles, clairement autobiographiques. Le propos d'ouverture est éloquent : « Au plus loin que je remonte, et même à l'âge où l'esprit n'influence pas encore les sens, je trouve des traces de mon amour des garçons. J'ai toujours aimé le sexe fort, que je trouve légitime d'appeler le beau sexe. Mes malheurs sont venus d'une société qui condamne le rare comme un crime et nous oblige à réformer nos penchants. » En parallèle de son œuvre « officielle » de romancier, poète, dramaturge ou cinéaste, Cocteau est aussi connu pour ses nombreux dessins, en particulier de garçons : matelots nus, couples s'enlaçant, nuques et casquettes, etc. Il illustre d'ailleurs une nouvelle édition du *Livre blanc* en 1958, signant ses dix-sept croquis sans pour autant avouer la paternité du texte. Cocteau s'affiche toutefois ouvertement avec ses compagnons ou ses engouements. En 1937, il fréquente ainsi avec ostentation le boxeur Al Brown. Et il formera avec l'acteur Jean Marais l'un des couples gays les plus célèbres du XXe siècle.

(Jean Cocteau), *Le Livre blanc*, Paul Morihien.

Le livre blanc

Paul Morihien

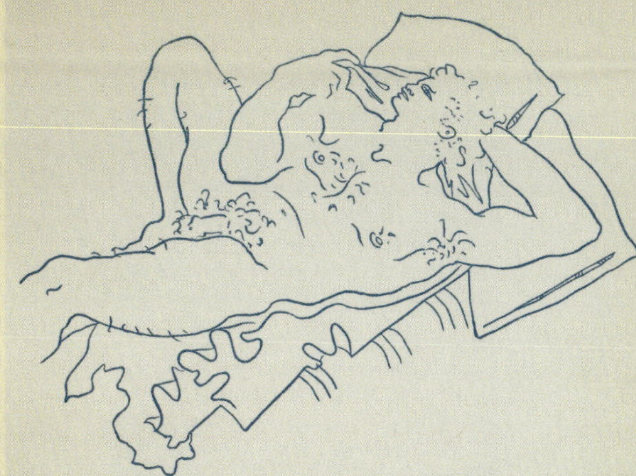

TROIS circonstances décisives me reviennent à la mémoire. Mon père habitait un petit château près de S. Ce château possédait un parc. Au fond du

Pour raviver mon amour, il fallut m'apercevoir que Jeanne me trompait. Elle me trompait avec Berthe. Cette circonstance me dévoile aujourd'hui les bases de mon amour. Jeanne était un garçon ; elle aimait les femmes, et moi je l'aimais avec ce que ma nature contenait de féminin. Je les découvris couchées, enroulées comme une pieuvre. Il fallait battre ; je suppliai. Elles se moquèrent, me consolèrent, et ce fut la fin piteuse d'une aventure qui mourait d'elle-même et ne m'en causa pas moins assez de ravages pour inquiéter mon père et l'obliger à sortir d'une réserve où il se tenait toujours vis-à-vis de moi.

Une nuit que je rentrais chez mon père plus tard que de coutume, une femme m'aborda place de la Madeleine, avec une voix douce. Je la regardai, la trouvai ravissante, jeune, fraîche. Elle s'appelait Rose, aimait

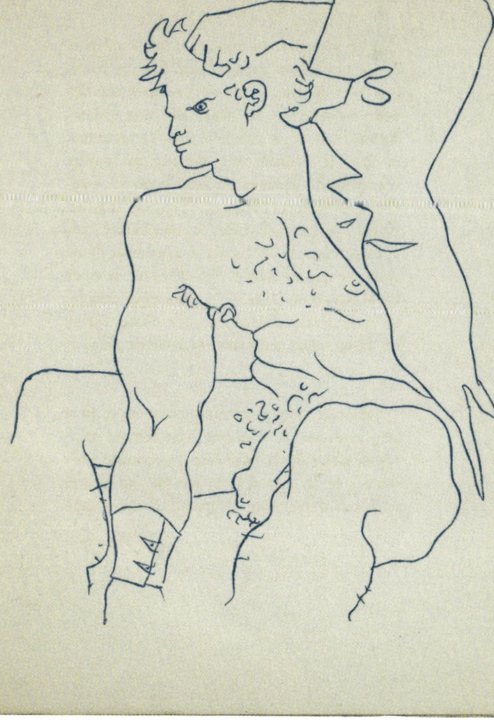

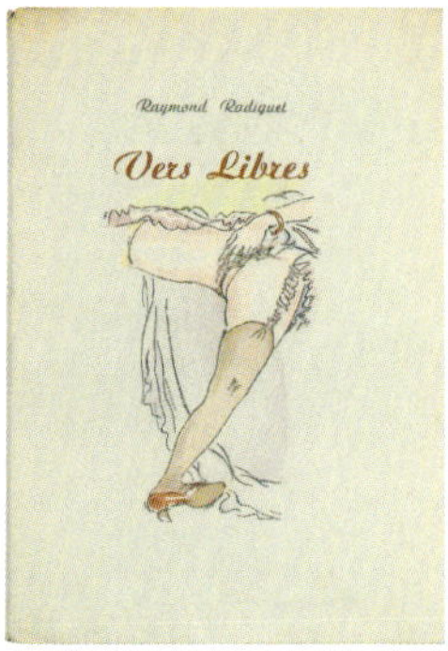

Radiguet posthume transformé en jeu de piste

La vie de Raymond Radiguet est connue pour sa fulgurance, pour le scandale provoqué par ses fréquentations comme pour le battage orchestré par son éditeur, Bernard Grasset.

Peu après sa mort à 20 ans, en 1923, le filon perdure. Dès 1926, des *Vers libres* signés du disparu paraissent « à Champigny », « au panier fleuri », autrement dit sous le manteau. Cocteau pousse le père de Raymond Radiguet, ainsi que Grasset, à saisir la justice pour contrefaçon…

René Bonnel, l'éditeur clandestin, tient les poèmes aussi crus que « faciles » de manuscrits autographes. Bonnel s'est sans doute acoquiné à nouveau avec Pascal Pia, son fidèle comparse. Ce dernier s'emploiera à brouiller les pistes en dirigeant le *Dictionnaire de la littérature érotique française* ainsi qu'en signant une magistrale et définitive bibliographie des *Livres de l'Enfer.* Celle-ci ne mentionne que trois des cinq premières éditions des *Vers libres* et, comme à l'accoutumée lorsqu'il a été partie prenante d'un ouvrage séditieux auquel il a collaboré, Pia s'efforce de se tenir sur la ligne de crête entre rigueur scientifique et écran de fumée…

Dans la foulée de l'édition de « Champigny », une nouvelle version officieuse surgit, cette fois « à Nogent » et toujours « au panier fleuri ». Elle comporte de magnifiques illustrations non signées longtemps attribuées à Rojan, dessinateur qui deviendra célèbre avec ses albums du… Père Castor. Seule certitude : après le décès de Cocteau, en 1963, la famille Radiguet finit par admettre la paternité des fameux *Vers libres.*

Raymond Radiguet, *Vers libres,* Nogent, Au panier fleuri, (1936/1939).

CHAT PERCHÉ

Au ciel des plages, Virginie,
Ombres d'où je t'ai vu sortir,
Le zéphyr, la brise d'été
Apportaient l'odeur de peau nue
Que fleurait ta virginité.

Hymen, par Paul jamais troué
(Ce sont les tickets de l'amour
Comme d'autres, pour le métro)
J'enfonçais ma dague rougie

Puis nous nous branlâmes
Le con et la trique
Attendant le tram
Pour la République.

USÉE

Usée elle comme un vieux sou
Que pour porter bonheur l'on troue
Pour distinguer face de pile
Il convient de n'être pas soûl

Pile, fesses endolories
Par le dur pilon des amants
Face, avers d'un envers charmant
Qui semble buisson ou prairie,

III

Les deux enfants reposent exangues, défaites
Sous les plis de la cotonnade des rideaux,
Croque-morts, ménagez votre précieux fardeau !
Amour, Amour, voilà bien de tes conquêtes !

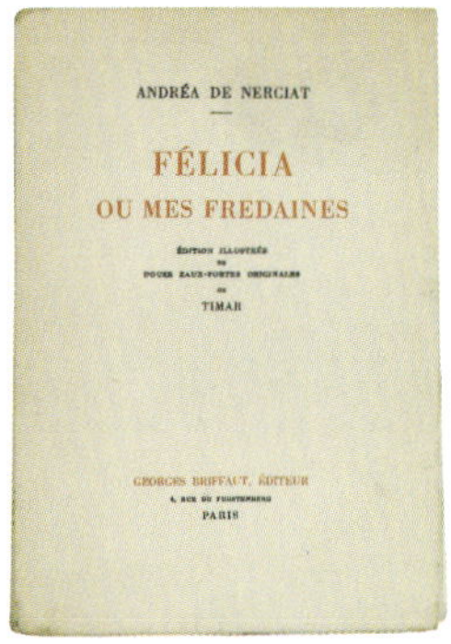

Le premier auteur du *Diable au corps*

ANDRÉA DE NERCIAT est de nos jours quelque peu tombé dans l'oubli malgré son rôle majeur au XVIIIe siècle, l'âge d'or du libertinage, aux côtés de Crébillon, de Mirabeau, et avant l'apogée de Sade.
Nerciat est d'abord... capitaine des gendarmes du roi à Versailles. Il se lance néanmoins en 1777 dans la rédaction du *Diable au corps*, titre magnifique que Raymond Radiguet empruntera bien plus tard avec autant, si ce n'est plus, de succès. Comble du sort pour Nerciat, son texte n'est publié in extenso qu'en 1803.
Auparavant, en 1775, son style taquin sans être jamais grossier s'épanouit déjà dans *Félicia ou Mes fredaines*. Plus tard, en 1787, il livre *La Matinée libertine ou les Moments bien employés*, suivie l'année d'après du *Doctorat impromptu*.
La Révolution met fin à cet élan. D'autant plus que *Les Aphrodites* paraissent en 1793 hors de France, où la Terreur a mis fin à la gaudriole. L'ouvrage est d'ailleurs fortement suspect puisque Nerciat y soutient, avec force tableaux affriolants, que les sociétés secrètes vouées au plaisir continuent de se réunir en dépit des événements.
L'ancien gentilhomme de la Cour a certes depuis longtemps jeté sa gourme d'officier aux orties. Il n'a pas pour autant fait vœu de chasteté et continue d'entretenir l'illusion, vraie ou fausse, d'une époque où la chair l'emporte sur les Lumières.

Andréa de Nerciat, *Félicia ou Mes fredaines,* GEORGES BRIFFAUT.

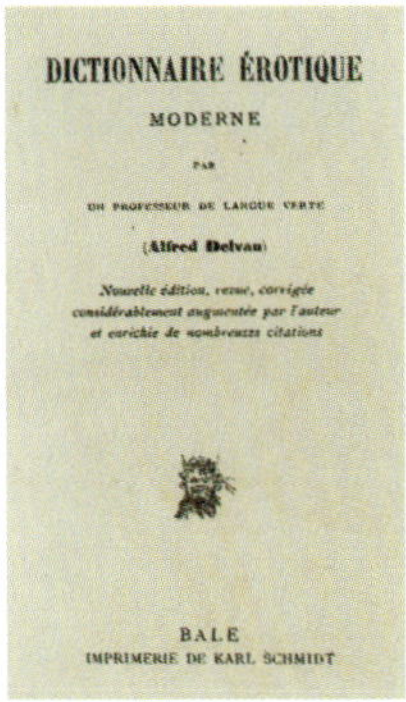

DICTIONNAIRE ÉROTIQUE
MODERNE
PAR
UN PROFESSEUR DE LANGUE VERTE
(Alfred Delvau)

Nouvelle édition, revue, corrigée considérablement augmentée par l'auteur et enrichie de nombreuses citations

BALE
IMPRIMERIE DE KARL SCHMIDT

Un vocabulaire imagé

LA RICHESSE du vocabulaire érotique n'est pas le moindre des atours de la littérature galante. Il faut en effet tenir compte de la répétition des scènes et savoir varier la terminologie, qu'il s'agisse de l'anatomie des protagonistes ou des positions adoptées lorsqu'ils se rencontrent. De plus, le recours à des mots imagés permet d'échapper à la vulgarité tout en amusant le lecteur et en déroutant le censeur. Les fruits, par exemple, dont les formes et les couleurs permettent des analogies sans fin, ont largement été mis à contribution, en particulier au XVIIIe siècle. Dans *Angola*, que Charles-Jacques de La Morlière donne en 1746, les jeunes filles offrent les « fruits de la première saison ». Sade se sert de la pomme pour désigner les fesses de Justine, puis les seins dans *Les Cent Vingt Journées de Sodome*. Mirabeau, le recueil collectif intitulé *Le Parnasse des Muses*, Godard d'Aucourt avec son *Thémidore ou Mon histoire et celle de ma maîtresse*, Jeanne Landre avec son *Échalotte et ses amants* utilisent tous le même vocable. Voltaire complique l'affaire : « Un beau bouquet de roses et de lis est au milieu de deux pommes d'albâtre. » Pour Nerciat, dans *Le Diable au corps*, les pommes deviennent… des testicules. Le trognon apparaît évidemment de-ci, de-là. Quant à la cerise, elle baptise indifféremment le téton, une prostituée ou l'extrémité de la verge ! La fraise est elle aussi mise à contribution de façon très variée, tandis que l'abricot ou la figue restent cantonnés au vagin. Il fallait toute l'érudition de l'écrivain et journaliste Alfred Delvau pour établir en 1864 un *Dictionnaire érotique moderne*, après avoir livré un plus chaste *Dictionnaire topographique, historique et étymologique des rues de Paris* et avant de replonger dans un croustillant *Dictionnaire de la langue verte ; argots parisiens comparés*.

Alfred Delvau, *Dictionnaire érotique moderne*,
Bâle, imprimerie de Karl Schmidt, (GAY, 1879).

ONNAIRE
NOEL ET CHAPS
EMIE
LITTRE
LANGUES SEMITIQUES
Rabelais

MIRABEAU

LE LIBERTIN
DE QUALITÉ
ou
Ma Conversion

GRAVURES ORIGINALES
DE
G. DE SAINTE CROIX

LE PANORAMA DES MŒURS
ÉDITIONS VIALETAY
1955

Du livre qui se retourne contre son auteur

MIRABEAU est l'auteur des deux classiques de la littérature érotique de la fin du XVIIIe siècle que sont *Erotika Biblion* et *Le Libertin de qualité ou Ma conversion*. Il sait utiliser à dessein ses frasques, en particulier ses démêlés conjugaux et familiaux. Il divorce en effet non sans mal de la fille du très influent marquis de Marignane. Il est également enfermé à Vincennes à la demande de son père, lassé des dettes filiales. Notre Mirabeau finit par s'enfuir en Hollande… en compagnie de l'épouse du marquis de Monnier, alors président de la Cour des comptes de Dole, etc.

Il accepte bien volontiers de se voir attribuer par des éditeurs peu scrupuleux des romans érotiques dont il n'a pas écrit une ligne, tels que *Le Rideau levé ou l'Éducation de Laure.*

Mais ce grand polisson, qui veut se mêler de politique, est pris à son propre piège. Son *Libertin de qualité ou Ma Conversion* narre les aventures d'un jeune homme qui décide de monnayer ses services charnels. Parmi les clientes du héros figurent, à peine déguisées, la duchesse de Polignac et quelques autres personnalités de l'époque.

Mal lui en prend d'avoir tant joué avec le feu : ses (nombreux) adversaires font réimprimer le texte peu après son décès, en 1791, sous le titre de… *Vie privée, libertine et scandaleuse de feu Honoré Gabriel Riqueti, ci-devant comte de Mirabeau.* Et ils enfoncent le clou en mentionnant que l'ouvrage, présenté comme une véritable biographie, est publié « à Paris, rue de l'Échelle, en Suisse, à Londres, en Prusse & en Hollande, chez tous ses créanciers ».

Honoré Gabriel Riqueti de Mirabeau, *Le Libertin de qualité ou Ma conversion*, VIALETAY, 1955.
Ma Conversion à Satan ou Le Libertin de qualité.
Vie privée et scandaleuse de feu Honoré-Gabriel-Riqueti, ci-devant Comte de Mirabeau,
À Paris, en Suisse, à Londres, en Prusse & en Hollande, CHEZ TOUS SES CRÉANCIERS, 1791.

Le divin Marquis regagne ses lettres de noblesse

LA LITTÉRATURE ÉROTIQUE est dominée par le divin Marquis, géant qui dépasse tout autre auteur en outrance et reste inégalé près de deux siècles après sa disparition.
Mais l'œuvre de Donatien Alphonse François serait encore de diffusion limitée si l'éditeur Jean-Jacques Pauvert n'avait tenté le diable judiciaire en entreprenant la première édition officielle de ses œuvres. Il débute celle-ci en 1947 avec une dizaine de volumes qui composent l'*Histoire de Juliette*. Avant l'achèvement de cette première, Pauvert sort clandestinement, en 1948, *Les Cent Vingt Journées de Sodome*. Puis, en 1952, le jeune éditeur se lance dans la commercialisation à ciel ouvert des œuvres complètes de Sade, démarrant avec *La Philosophie dans le boudoir*, suivie de *La Nouvelle Justine*, des incroyables *Cent Vingt Journées de Sodome*... Les ennuis avec la justice ne commencent qu'en 1956. La défense de Pauvert, incarnée par le grand Maurice Garçon, avocat membre de l'Académie française, fait citer comme témoins les écrivains Georges Bataille, André Breton, Jean Cocteau et Jean Paulhan. Ce dernier tient tête au président du tribunal, qui lui demande si les œuvres du Marquis ne lui semblent pas nocives : Paulhan répond qu'il a connu une jeune fille ayant hélas mal tourné, puisque, sa lecture de Sade achevée, elle est entrée au couvent...
Après huit ans de procédure, Pauvert obtient en grande partie raison et Sade peut enfin être vendu en librairie. Ce qui fait aujourd'hui dire à Pauvert que toute censure est absurde puisque aucun écrit, notamment érotique, ne peut dépasser sa hardiesse.

Donatien Alphonse François de Sade, *Les Amis du crime,* (1930).

Cette édition a été limitée à 550 exemplaires, numérotés comme suit : 50 exemplaires sur vergé Chesterfield (1 à 50); 500 exemplaires sur vélin blanc (51 à 550). Le tirage en a été exécuté sur les Presses de la Société des Amis du Crime, rue de l'Échaudé, à Paris, et terminé le 6 novembre 1790.

Exemplaire n° 46

sur vergé Chesterfield

Et gamahuchez-vous bien les autres ? — Très moelleusement.

Vous sucez donc aussi les vits avec plaisir ? — Et j'en avale le foutre.

Avez-vous fait des enfants ? — Jamais.

Protestez-vous de vous en abstenir ? — Le plus que je pourrai.

Vous détestez donc la progéniture ? — Je l'abhorre.

S'il vous arrivait de devenir grosse, auriez-vous le courage de vous faire avorter ? — Assurément.

Votre marraine est-elle munie de la somme que vous devez payer avant que d'être reçue ? — Oui.

Êtes-vous riche ? — Immensément.

Vous n'avez jamais fait de bonnes œuvres ? — Je les déteste.

Vous ne vous êtes livrée à aucun acte de religion depuis votre enfance ? — A aucun.

Clairwil remit aussitôt entre les mains du secrétaire la somme convenue, et elle prit un papier que l'on m'ordonna de lire à haute voix. Ce papier imprimé avait pour titre : Instructions aux femmes admises à la société des amis du crime.

L'âge d'or de la pornographie

L'APRÈS-GUERRE voit peu à peu l'édition érotique reprendre ses droits, des grands textes littéraires à la pornographie la plus outrancière. Une poignée d'éditeurs officient inlassablement. Certains ont recours à la clandestinité la plus absolue, d'autres ont pignon sur rue... tout en continuant de produire sous le manteau. Quelques noms connus émergent, en raison tant de la qualité de leurs catalogues que des condamnations judiciaires sans relâche que ceux-ci leur valent. Les aventures éditoriales de Jean-Jacques Pauvert sont désormais presque toutes connues, de ses premières tentatives, à 17 ans (!), à la publication de tout Sade et de milliers d'autres à découvert ou en catimini. Il en est de même avec son « frère ennemi », Éric Losfeld, qui n'a laissé que quelques indices de ses nombreuses activités littéraires dans ses mémoires, *Endetté comme une mule.* Régine Deforges peut s'enorgueillir d'une gloire similaire en raison des dizaines de poursuites en correctionnelle de sa maison, L'Or du temps, qu'il lui faut affronter avec d'autant plus de courage qu'une jeune et belle éditrice, décemment, est encore plus diabolique aux yeux des magistrats qu'un vieux libidineux. Un des tomes de sa célébrissime saga (bien inoffensive), commencée dans une seconde vie d'écrivaine avec *La Bicyclette bleue*, s'intitule très à propos *Le diable en rit encore...*
Maurice Girodias, qui fonde en 1953 la mythique Olympia Press, est le fils d'un autre grand séditieux, lui-même créateur d'Obelisk Press, dont le principe – de précaution – est la publication depuis la France de livres érotiques destinés aux lecteurs anglo-saxons. Éditeur prestigieux (au catalogue : Henry Miller, Chester Himes et, surtout, l'édition originale de *Lolita*), il finit par subir les foudres de la justice hexagonale, au point de fuir la France pour poursuivre ses activités aux États-Unis... d'où il devra partir, selon ses dires, « sur ordre d'Henry Kissinger en personne ».

Épices, réflexions sur quelques à-côtés de l'amour destinées à des personnes expérimentées, AUX DÉPENS D'UN GROUPE D'AMATEURS, **1950.**
Saint-Demostome, *Frénésie ou Un fric-frac au bois*, Bagatelle, SOUS LE CYGNE DE LÉDA, **1948.**

Clandestinité

La clandestinité a longtemps constitué la seule possibilité de publier des ouvrages « plaisants ». En utilisant parfois, outre les fausses mentions destinées à déjouer la gendarmesque, tous les ressorts des arts du livre. L'« impression à la chinoise » désigne ainsi un exemplaire dont le véritable contenu est dissimulé entre les pages d'un texte ou de gravures plus que présentables.

Certes, en matière d'écrits et d'images, la justice a tant bien que mal suivi l'évolution des mœurs. Mais la notion d'outrage aux bonnes mœurs est toujours présente dans l'esprit des autorités, même si son acception évolue fortement au fil des siècles.

En 1737, en plein cœur du siècle libertin, le chancelier d'Aguesseau choisit purement et simplement d'interdire les romans !

Une loi de 1791 embrasse dans un même élan outrage à la pudeur, excitation de mineurs à la débauche et outrage aux bonnes mœurs : « Ceux qui seraient prévenus d'avoir attenté publiquement à la pudeur des femmes, par action déshonnête, par exposition ou vente d'images obscènes, d'avoir favorisé la débauche ou la corruption des jeunes gens seront condamnés. »

Mais la première politique systématique de censure est érigée par une loi de 1819. Cette disposition est appliquée avec rigueur, au point qu'est pourchassé ce que la fin agitée du XVIIIe siècle et la relative permissivité de la Révolution ont laissé publier. Les victimes de cette loi sont encore célèbres aujourd'hui. En 1822, *Le Chevalier de Faublas* de Louvet de Couvray, qui a pourtant été édité régulièrement depuis

(Livre en accordéon, Chine, XIXe siècle).
(Fiche de saisie de police dans une maison de tolérance, 1903).

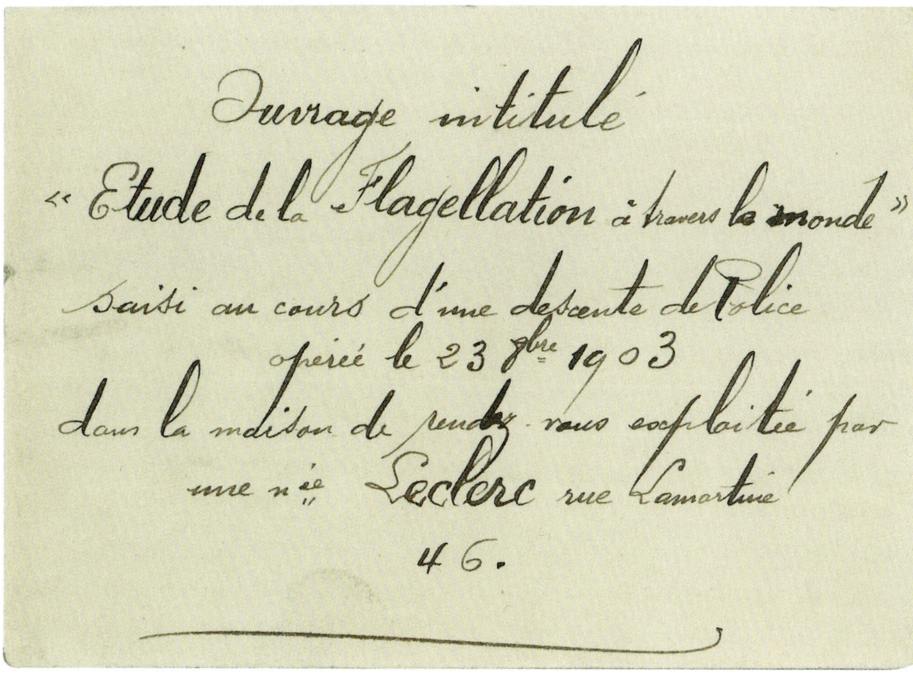

Ouvrage intitulé
« Etude de la Flagellation à travers le monde »
saisi au cours d'une descente de Police
opérée le 23 8bre 1903
dans la maison de rendez-vous exploitée par
une née Leclerc rue Lamartine
46.

1787, est interdit. En 1824, la police poursuit soudainement *Les Liaisons dangereuses* ! En 1852, *Le Sopha* de Crébillon fils et *Les Bijoux indiscrets* de Diderot sont rattrapés par le second Empire, etc.

De nouveaux textes, tout aussi sévères, ont remplacé en 1994 les vieilles lois en apparence désuètes mais aux sanctions redoutables. Chacun comprend dès lors que seuls les éditeurs séditieux les plus paranoïaques ont survécu.

Le barreau se déchaîne

Les *Dialogues de Luisa Sigea* ont longtemps dérouté leurs nombreux lecteurs. Le texte est en général attribué au Grenoblois Nicolas Chorier, qui était... avocat. Ce n'est d'ailleurs pas le seul membre du barreau à s'être illustré dans le genre érotique. Son confrère Claude Le Petit, auteur de nombreux poèmes licencieux, a fini brûlé vif en 1662, à l'âge de 23 ans.

Chorier use de plus de subtilité, en faisant financer l'édition clandestine de son chef-d'œuvre, deux ans avant la mort de Claude Le Petit, par un de ses amis... futur avocat. Puisque le texte original des *Dialogues* est en latin, les comparses s'entendent pour l'attribuer à une supposée Luisa Sigea.

Cette chimérique poétesse de Tolède l'aurait composé initialement en espagnol. Le tout est présenté comme une traduction établie par le Hollandais Johannes Meursius. Afin de compléter ce tableau très européen, il faut préciser que l'action se déroule en Italie.

Fort de son succès, Chorier commet sa première véritable erreur en rééditant son œuvre en 1678 après y avoir ajouté un nouveau dialogue, alors que l'auteure présumée, la fameuse Luisa Sigea, est décédée officiellement depuis plus d'un siècle. L'archevêché le dénonce à l'intendant de justice du Dauphiné. Mais l'intéressé réussit à se sortir d'affaire grâce à ses relations au sein de la magistrature, comptant apparemment de zélés amateurs de cette prose croustillante. Celle-ci connaît de nombreuses éditions, en français notamment, sous les titres les plus divers, allant du *Meursius françois* à *L'Académie des dames.* En habile avocat, Chorier a finalement réussi à tromper la censure tout en gagnant sans cesse de nouveaux fidèles.

(Nicolas Chorier), *Nouvelle Traduction du Meursius connu sous le nom d'Aloïsia ou de l'Académie des dames,* Cythère, Dans l'imprimerie de la volupté, 1776.

LA DÉVOTE

Pl. 3.

ha! mon doux Jesus.

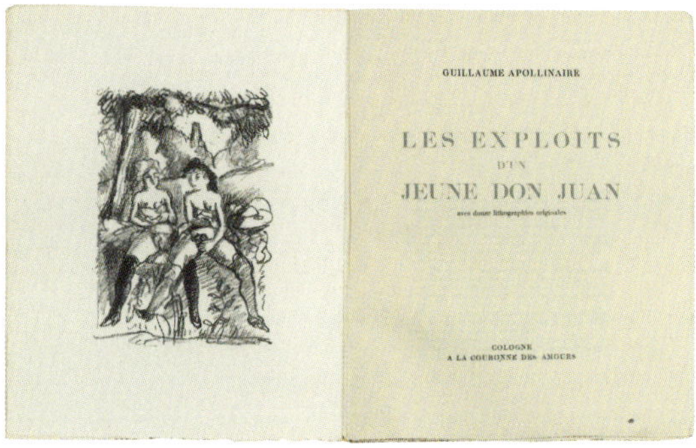

Apollinaire : un vrai touche-à-tout

GUILLAUME APOLLINAIRE est devenu aussi célèbre pour son génie poétique que pour ses écrits érotiques. *Les Onze Mille Verges* restent un des premiers chefs-d'œuvre de la littérature libertine moderne.

Mais l'activité du versificateur ne s'est pas limitée à l'écriture romanesque. Il a véritablement plongé en érotomanie prolongée.

Apollinaire dirige notamment, dès 1908, la collection « Les maîtres de l'amour », proposée par les éditeurs Georges et Robert Briffaut. Il enchaîne en lançant, moins d'une année plus tard, le « Coffret du bibliophile ».

Les titres qu'il y propose connaissent parfois une vie parallèle : la version « acceptable » paraît officiellement, tandis que le récit complet de ses scènes les plus lestes prend le chemin de la clandestinité. Il en est ainsi des deux traductions qu'il publie, en simultané, de la *Vénus indienne.*

Il glisse également quelques strophes audacieuses de son cru, sous le pseudonyme de l'abbé de Thélème, dans l'anthologie érotique signée Germain Amplecas qui prend place dans... « Les maîtres de l'amour ».

Infatigable, il est encore l'auteur, avec Louis Perceau et Fernand Fleuret, de la première bibliographie des livres de l'Enfer contenus à la Bibliothèque nationale.

Quant aux fameux *Exploits d'un jeune don Juan*, depuis peu, les spécialistes savent que Guillaume Apollinaire a certes mis la main à la pâte de ce roman, mais n'a en réalité effectué que la traduction de ce texte allemand anonyme, déniché par ses soins lors d'un séjour en Rhénanie... Curiosité infatigable !

Les Exploits d'un jeune don Juan, Cologne, À LA COURONNE DES AMOURS, (BONNEL, **1926**).

Tous les chemins mènent à l'Enfer

PUBLIÉE EN 1888, *La Femme de l'avocat*, sans être réellement scandaleuse malgré ses vers à double sens, a terminé sa carrière littéraire à l'Enfer de la Bibliothèque nationale, cette section réservée aux ouvrages interdits d'accès... Né au XIXe siècle, pour les uns sous le Consulat, pour les autres dans le climat particulier du second Empire, l'Enfer de la Bibliothèque nationale est révélateur d'un trait a priori inattendu mais bien constant des censeurs. Ceux-ci ont toujours pris le soin non seulement de mettre en fiches, mais aussi de rassembler et de conserver l'objet de leur fureur. Le *Supplément* du *Grand Dictionnaire universel* de Larousse précise qu'« il existe à la Bibliothèque nationale un dépôt qui n'est jamais ouvert au public : c'est l'Enfer, recueil de tous les dévergondages luxurieux de la plume et du crayon ».

Il existe d'ailleurs un modèle mythique à ce type d'Enfer : tous les amateurs de *curiosa* savent que la plus impressionnante et la plus ancienne des collections est conservée... à la Bibliothèque vaticane. Mais il est aussi un Enfer, dénommé réserve spéciale, à la bibliothèque de l'Arsenal, un Private Case à la British Library, une section réservée à Saint-Pétersbourg...

Les Enfers contiennent, au gré des législations, des modes et de la répression, des ouvrages en plus ou moins grand nombre sur l'adultère, le lesbianisme, le fétichisme, le triolisme, l'échangisme, le sadomasochisme, etc. Ils voisinent parfois avec des livres qui n'ont jamais été condamnés en dépit de leur audace...

Mais tous les ouvrages de l'Enfer ne mettent pas le rose aux joues. Les Enfers recèlent aussi des livres dont seul l'intitulé peut paraître érotique. Parmi les mille sept cents livres de l'Enfer de la Bibliothèque nationale figurent bien entendu nombre d'ouvrages condamnés. Certains l'ont cependant été « par défaut », car l'éditeur et l'auteur, anonymes, étaient introuvables, et n'ont donc présenté aucune défense. Ces ersatz de débauche ne méritaient ni la sentence de la justice ni l'Enfer d'une bibliothèque.

Octave Pradels, *La Femme de l'avocat*, MAURICE MAGNIER, 1888.

Et, grâce à sa verve mordante
Qui sait si bien trouver le joint,
Je peux supporter mon conjoint
Dont l'affaire est toujours pendante ?

Le doigté, un jeu pour grands enfants

Carnet de bal appartient à la famille de ce que les bibliophiles ont baptisé du nom anglais de *flip books*. Le principe consiste à faire défiler les pages afin d'entrevoir une apparence de scène animée et il est d'ordinaire réservé à une production enfantine. Mais l'astuce a également trouvé un terreau propice au cœur des publications vendues sous le manteau.
Les éditeurs d'érotisme se sont essayés à diverses techniques plus ou moins inventives. La photographie a bien évidemment été éprouvée, sans toutefois rivaliser avec le dessin et la gravure, qui ont continué de mener une carrière sans relâche.
Il faut cependant signaler que le cliché a donné lieu à un petit bijou littéraire… nullement illustré. Publié clandestinement, sans doute en 1893, *La Chandelle de Sixte-Quint ou Une aventure photographique* est un texte très osé, troussé dans un style maîtrisé. Le titre de l'ouvrage semble brocarder la papauté, mais il est surtout un synonyme ergotique de préservatif… L'art photographique, qui sert de prétexte à cette étonnante partie de jambes en l'air, fait ainsi une entrée paradoxale dans la littérature érotique.
Un hommage doit aussi être rendu aux premiers cinéastes : une fois les plans officiels mis en boîte, ils utilisent les plateaux de tournage pour s'essayer, de nuit et à l'aide d'une équipe réduite, aux prémices du film coquin, voire clairement pornographique. Le muet, obligatoire à l'époque, doit sans doute aider à la discrétion de l'opération !
Pour revenir au *Carnet de bal* et aux *flip books*, certaines maisons d'édition contemporaines en sont restées nostalgiques, au point de vendre, cette fois à ciel presque ouvert, des séries de *strip flips*. Les créatures appétissantes s'y effeuillent page après page en quelques secondes de… doigté.

Carnet de bal.

CARNET DE BAL

Piron le facétieux

Alexis Piron, né en 1689, commence de publier une *Ode à Priape* alors qu'il vient à peine de s'inscrire comme avocat au barreau de Dijon... La magistrature s'en amuse et Piron continue sa carrière d'homme de robe pendant près de sept ans. Débute alors véritablement son autre vie professionnelle, consacrée à la littérature, aussi bien en poésie que pour l'Opéra-Comique.

Car Piron ne manque pas d'esprit. Et quelques-unes de ses reparties sont fameuses. La plus célèbre demeure, à propos de l'Académie : « Ils sont là quarante qui ont de l'esprit comme quatre. » Quant à la Comédie-Française, il la qualifie de « vieille putain qui a perdu ses règles ». Après avoir entendu Robbé de Beauveset, l'auteur du *Débauché converti,* lui débiter ses vers tout juste écrits à propos de la vérole, il lui rétorque en guise d'unique commentaire : « Monsieur, vous me paraissez plein de votre sujet... »

Son œuvre érotique comprend de nombreux recueils de vers, dont *Leçon à ma femme, Le Désagrément de la jouissance* et *La Confession de mon oreiller.* Elle est demeurée clandestine et a sans cesse été réimprimée.

Certains poussent l'audace jusqu'à mêler politique et clandestinité : ils publient – en réalité après la guerre – les *Épigrammes* de Piron, en suivant avec plus ou moins de bonheur son sens de l'humour, sous la mention : « Aux dépens et au profit des amis du maki, 1943. Imprimé sans l'autorisation des Boches. »

Alexis Piron, *Épigrammes licencieuses,*
Aux dépens et au profit des amis du maki, **1943**.

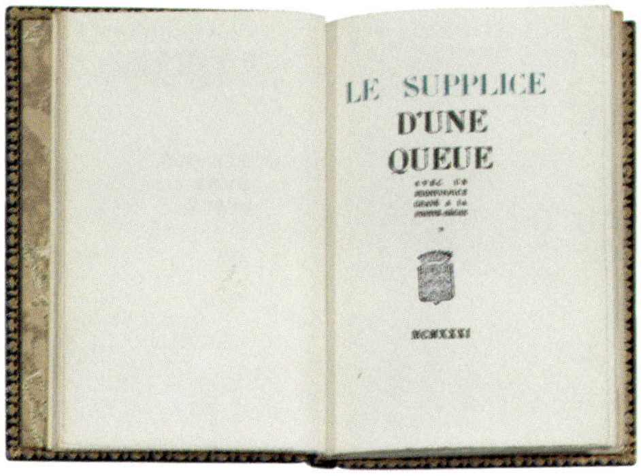

Le poète se défoule

FRANÇOIS-PAUL ALIBERT naît en 1873 à Carcassonne, où il devient employé de mairie puis dirige le théâtre de la Cité. Il s'attire une certaine notoriété en publiant une abondante poésie, aujourd'hui presque tombée dans l'oubli. Ses vers très peu novateurs ont pourtant connu quelque succès : il est l'auteur de quarante-deux recueils publiés à partir de 1907 !

C'est un ami très proche d'André Gide, avec qui il a entretenu une longue correspondance, ainsi que de Joë Bousquet. Il écrit dans la *N.R.F.* dès 1909, puis dans *Chantiers* et dans *Les Cahiers du Sud.* Mais François-Paul Alibert est surtout l'auteur du roman *Le Supplice d'une queue*, édité clandestinement en 1931 par René Bonnel avec l'aide d'André Gide.

Cette prose très érotique, écrite dans une langue classique, met en scène un homme pourvu d'un membre si gigantesque qu'il ne peut physiquement satisfaire ses désirs de garçons. L'homosexualité y est subie physiologiquement, à la fois comme une fatalité et comme une très attractive différence. Édité à quatre-vingt-dix exemplaires, ce livre est aujourd'hui très prisé par les bibliophiles.

François-Paul Alibert est également l'auteur de deux autres récits « homoérotiques » : *Une couronne de pines*, dont l'édition, prévue à quelques dizaines d'exemplaires en 1934, a vraisemblablement été empêchée par une descente de police ; et *Le Fils de Loth*, resté inédit jusqu'en 2002, qui raconte une histoire d'amour et de sexualité entre un père et son fils !

Autant dire que le poète suranné de Carcassonne ne manquait ni d'imagination ni de style quand il changeait de registre.

François-Paul Alibert, *Le Supplice d'une queue,* (BONNEL), **1931**.

La Bible parodiée

Il n'est pas jusqu'aux livres sacrés qui n'aient été appropriés par la littérature érotique. *Au temps des juges* est sous-titré « Chants bibliques ». Et de fait, ce texte daté de 1933 par l'éditeur pastiche les Écritures dans des phrases solennelles qui voisinent avec une iconographie censée représenter des personnages de la Terre sainte. La parodie est réussie et d'une qualité de fabrication dénotant une ingéniosité très malicieuse.
Car, si l'anticléricalisme se rencontre fréquemment parmi les écrits érotiques, les allusions à la religion se limitent à détourner des écrits ecclésiastiques mineurs ou à recourir à des titres aux allures de clins d'œil : *La Couronne de pines, Les Filles de Loth*, *La Crucifixion en rose, Ainsi soit-il*, etc.
Ajoutons au tableau la figure d'Isidore Liseux, qui devint au XIXe siècle éditeur de *curiosa* après avoir officié comme prêtre…
Quant aux autres religions que le catholicisme, elles ne sont pas épargnées au rayon de l'érotisme livresque. *Le Jardin parfumé* de Cheikh Nefzaoui, le plus célèbre manuel d'érotologie arabe, considéré à l'égal du célèbre *Kama-sutra*, détourne parfois les paroles du Prophète.
Seule fausse note dans ces « Chants bibliques », l'éditeur a semble-t-il voulu attribuer ce texte à Pierre Louÿs en y glissant ses initiales (ce que récusent par ailleurs, d'un avis unanime, les spécialistes des livres coquins).

P. L., *Au temps des juges*, Aux dépens d'un amateur, 1933.

Des tiroirs sans fond

Ce n'est qu'après son décès, en 1925, que Pierre Louÿs commence une seconde carrière littéraire qui perdure encore de nos jours.

De son vivant, Pierre Louÿs connaît le succès à 26 ans, en 1896, lorsque paraît son *Aphrodite*, sous-titré « Roman de mœurs antiques ». Ses poèmes, et en particulier *Les Chansons de Bilitis*, sont sans cesse réédités, tout comme *Les Aventures du roi Pausole* ou *La Femme et le pantin*. Ces immenses triomphes se doublent alors d'une érudition impressionnante, que le bibliophile se plaît à divulguer au gré des revues littéraires.

Or, cette stature de grand auteur fêté par tous, scandaleux juste comme il faut, change lorsque sa veuve se met à vendre les dizaines de manuscrits inédits enfermés avec soin à son domicile.

Un an après sa disparition est publié le célèbre *Manuel de civilité à l'usage des jeunes filles*, en même temps que *Trois Filles de leur mère*. Le manuscrit de ce dernier est édité en fac-similé pour démontrer que l'auteur officiel en cache un autre, bien plus obscène que prévu. Le procédé est également utilisé en 1938 pour *La Femme*, orné de ses propres illustrations. Il faut aussi citer, en vrac, *Pybrac*, l'*Histoire du roi Gonzalve et des douze princesses*...

Les exégètes font remonter l'érotomanie littéraire de Pierre Louÿs à 1890. Celle-ci se poursuit avec une ampleur accrue durant son divorce, en 1913. Il continue de « griffonner » les fantasmes les plus incroyables, enfermé dans sa résidence d'Auteuil tous rideaux tirés, s'éclairant de jour comme de nuit à la lampe à pétrole. À telle enseigne qu'aujourd'hui encore il se trouve des éditeurs pour faire jaillir de nouveaux inédits, nés de la double vie de cet infatigable écrivain.

Pierre Louÿs, *La Femme*, Mytilène, À l'enseigne de Bilitis (Georges Briffaut), **1938**.
Pierre Louÿs, *Histoire du roi Gonzalve et des douze princesses*,
Aux dépens d'un bibliophile, Madrid (Bonnel, **1927**).

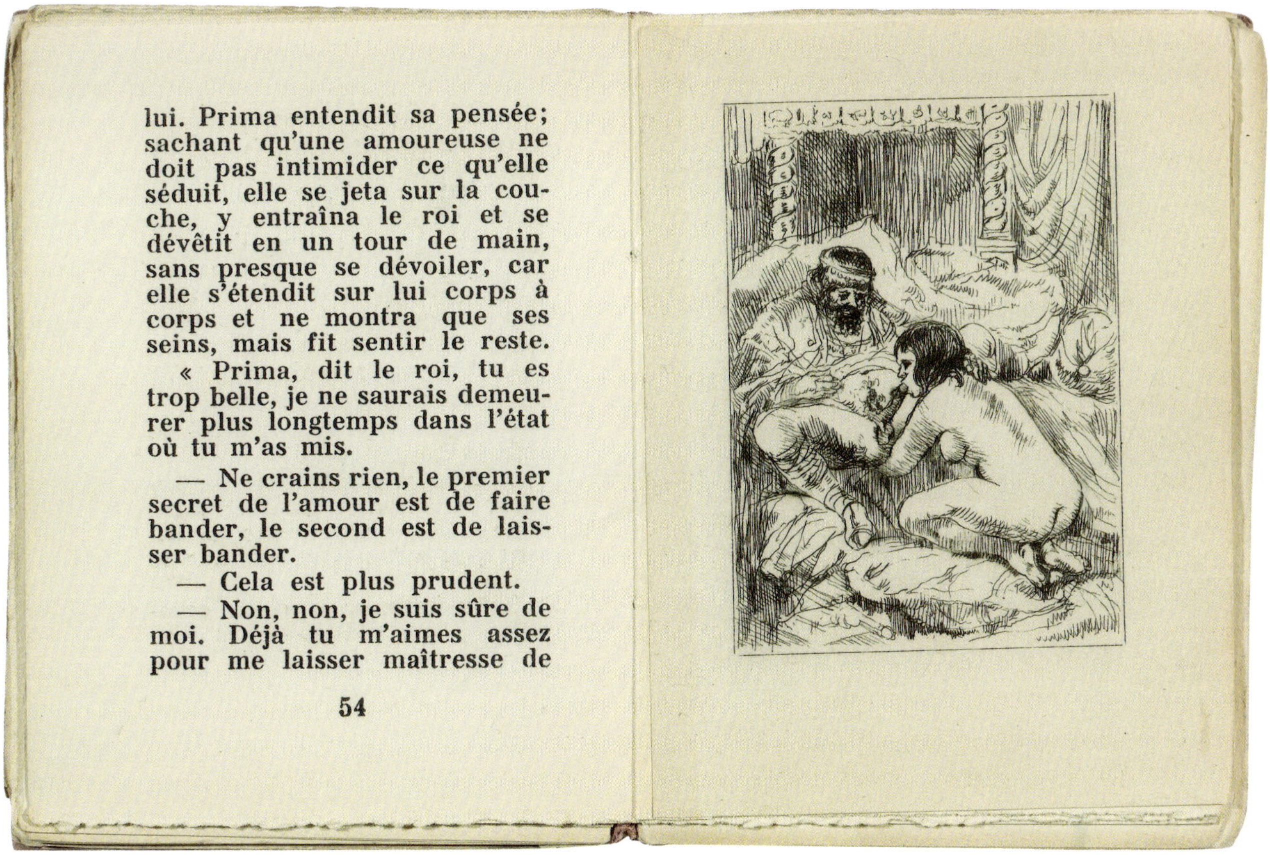
lui. Prima entendit sa pensée; sachant qu'une amoureuse ne doit pas intimider ce qu'elle séduit, elle se jeta sur la couche, y entraîna le roi et se dévêtit en un tour de main, sans presque se dévoiler, car elle s'étendit sur lui corps à corps et ne montra que ses seins, mais fit sentir le reste.

« Prima, dit le roi, tu es trop belle, je ne saurais demeurer plus longtemps dans l'état où tu m'as mis.

— Ne crains rien, le premier secret de l'amour est de faire bander, le second est de laisser bander.

— Cela est plus prudent.

— Non, non, je suis sûre de moi. Déjà tu m'aimes assez pour me laisser maîtresse de

54

Le Trophée des vulves légendaires, écrit en 1891 et mettant en scène neuf sonnets relatifs aux héroïnes du compositeur Wagner, en constitue un bel exemple. Il en est de même pour *La Coiffeuse de cons*, publiée en 1927, en prélude aux *Petites Scènes amoureuses*.

Pour ce qui est de *Recherches sur l'épilation des femmes*, mis au jour à la fin des années 1990, son découvreur n'a pu s'empêcher de recourir à quelque malice face à un tel catalogue, où les conquêtes et explorations du poète laissent place à un recensement digne d'un fonctionnaire zélé. On y trouve donc, en guise de conclusion à une lecture fort instructive, une petite enveloppe destinée à recueillir quelques poils de la toison d'une bien-aimée.

Pierre Louÿs, *Recherches sur l'épilation des femmes dans l'Antiquité, sous la Renaissance et à l'époque contemporaine*, Se trouve chez les illustres barbiers pour dames de Paris et au guichet de la station Motte piquée, 1998.

La Senteur des Reins

Quand tu dors à plat ventre et tes yeux sur tes mains
Je relève ta chevelure de sorcière
Qui voile, comme un bois funèbre les chemins,
Ton corps de boue obscène et de basse poussière.

Au fond des reins creusés en selle pour Satan
La rainure de tes vertèbres se prolonge,
C'est là que lassé d'être, et d'avoir souffert tant
Ma face, avec une fureur farouche, plonge.

Oh! quelle odeur de chair et de cul convulsif
Croupit au creux des reins sous qui coule le sperme...
Ma bouche sur tes os postérieurs se ferme,

Et je froisse à ta peau mon visage lascif
Qui fume en râlant comme un éphèbe impubère
O femme! l'âcreté de ton odeur lombaire!

6 février 91

V. Antipilistes.

VI. Piliculture. Coiffure des poils. Frisure. Ornements. Parfums. Teintures.

VII. Épilation.

1. Épilation en général
2. Épilation antique
3. Épilation époque moderne
4. Épilation exotique.

VIII. Variétés sur les poils. Collections. Herbiers. Cadeaux. Plaisanteries.

Bibliographie.

CET OUVRAGE,
DÉDIÉ AUX ADORATEURS ET ADORATRICES
DU TEMPLE DE CYPRIS, NU OU VELU,
A ÉTÉ ACHEVÉ D'IMPRIMER
LE 25 AOUT 1997, JOUR DE LA SAINT LOUIS,
PATRON DES MAQUIGNONS ET DES BARBIERS,
PAR BIQUET A LA HOUPPE, IMPRIMEUR
A LA GRANDE-MOTTE.
L'ÉDITION ORIGINALE COMPREND
26 EXEMPLAIRES SUR VERGÉ IVOIRE
MARQUÉS DE A A Z,
TOUS RELIÉS ET POURVUS
D'UNE POCHETTE RELIQUAIRE
DESTINÉE A RECEVOIR ET CONSERVER
PIEUSEMENT QUELQUES VESTIGES
PILEUX D'AMOURS
DÉFUNTES.

EXEMPLAIRE . C . .

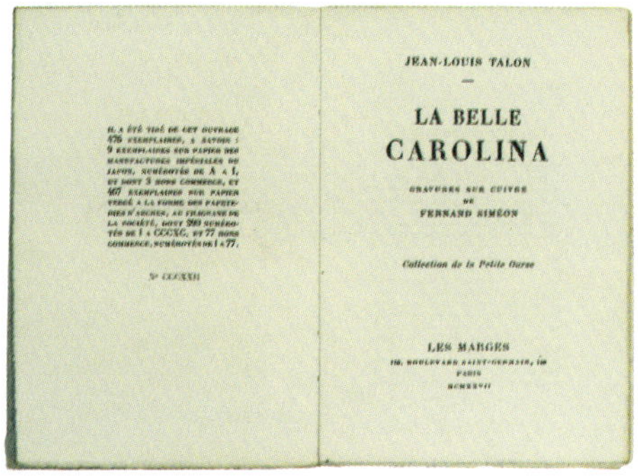

Un écrivain se pense en femme

Jean-Louis Talon n'a vécu que 30 ans. Mort en 1903, il a réussi à s'imaginer en une *Belle Carolina*. Il est également l'auteur de... *La Marquesita*, qualifiée pudiquement de « roman de mœurs ».

Il faut bien avouer que les écrivains licencieux se sont souvent pensés en femmes. Les faux mémoires de dames, auxquelles les plus saisissantes des turpitudes sont prêtées par des romanciers de l'autre sexe, restent très inventifs.

C'est ainsi que l'Enfer de la Bibliothèque nationale renferme notamment nombre d'éditions des *Mémoires de Fanny Hill*, le chef-d'œuvre de John Cleland, libertin anglais du XVIIIe siècle. Elles voisinent avec les sublimes *Mémoires d'une chanteuse allemande*, dont l'auteur est vraisemblablement August Linz. Celui-ci a cependant demandé à son épouse de pimenter son récit de détails typiquement féminins...

Les *Mémoires d'une danseuse russe*, ceux *d'une demoiselle de bonne famille*, *d'une femme de chambre*, *d'une nouvelle Phryné*, *d'une procureuse anglaise* concourent dans la même catégorie que *Margot la ravaudeuse* de Fougeret de Montbron, la *Vie d'une entretenue contenant ses ruses, artifices d'amour, dupes et amants ruinés* ou encore la *Vie licencieuse d'une femme adultère contenant ses passions déréglées.* Fort heureusement, des romancières prendront peu à peu la plume pour décrire avec autant de talent et plus de justesse les troubles ressentis de l'autre côté du miroir.

Jean-Louis Talon, *La Belle Carolina*, Les Marges, 1927.

La femme se travestit en homme

EN PLEIN SECOND EMPIRE, Marie-Amélie Chartroule décide d'adopter un pseudonyme masculin pour diffuser sa prose. Notre écrivaine a déjà, bien avant Colette, choisi de s'habiller en homme : ce travestissement (interdit en dehors du carême et du mardi gras...) ne lui suffit plus, et elle prend pour nom de plume celui de Marc de Montifaud. Ce subterfuge n'évite guère les tracas : son premier livre, *Les Vestales de l'Église,* qui s'inscrit dans la tradition anticléricale de la littérature érotique, lui vaut un inculpation ; le deuxième, *Madame Ducroisy,* termine sa carrière au tribunal... Le jugement fait tant de bruit que, un an après le procès, l'auteur publie une brochure intitulée *Mme Ducroisy, la presse et la justice.*

Sa réputation est telle qu'*Entre messe et vêpres ou les Matinées de carême au faubourg Saint-Germain* est immédiatement banni à l'Enfer de la Bibliothèque nationale. Nul ne prête attention au fait que l'éditeur évoque, dans son avant-propos du deuxième tome, « Monsieur de Montifaud ». Ce nom devint un temps si sulfureux qu'il se retrouve, contre ou avec son gré, en annotateur d'une réédition du *Zombi du Grand Pérou* de Pierre-Corneille de Blessebois, ainsi que comme l'auteur d'un *Alosie* « à paraître ». Un autre roman de Blessebois, mort deux siècles plus tôt, est à nouveau commenté par « Montifaud ». Celle-ci fut encore poursuivie. Mais le caractère plus léger que pornographique de ses écrits et ses relations haut placées lui firent éviter la prison de Saint-Lazare contre une semaine en maison de santé... Ajoutons au trouble en précisant que certains rappellent que, sous le nom de Montifaud, se cache bel et bien une Marie-Amélie, certes née « Chartroule », mais... mariée « Quivogne ».

(Marie-Amélie Chartroule), Marc de Montifaud, *Entre messe et vêpres,* Paris, **1881**.
(Marie-Amélie Chartroule), Marc de Montifaud, *L'Abbesse du paraclet,* **1882**.

Ad. AUBRY Aquaf.

Van Ruyss del. sc.　　Imp Delâtre Montmartre

A. Aubry.

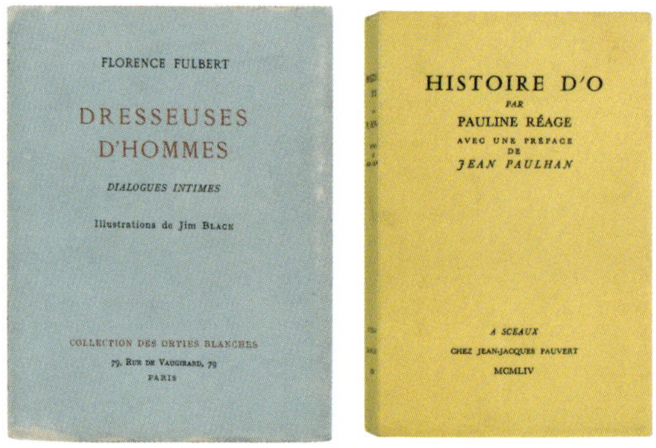

Madame domine

Dresseuses d'hommes, sous-titré « Dialogues intimes » à sa parution, en 1931, reprend avec vigueur un thème dont le maître incontesté reste l'Autrichien Leopold von Sacher-Masoch, né un siècle plus tôt. L'auteur de *Vénus à la fourrure* a involontairement donné son nom au masochisme. C'est surtout la soumission à la femme qui... domine l'œuvre de Sacher-Masoch. Quant à sa vie amoureuse, elle connut de nombreuses péripéties dont il ressort son goût pour le « contrat d'esclave », par lequel il se soumettait totalement à sa maîtresse. Le plus savoureux reste celui qu'il conclut avec sa première femme, Wanda de Dounaïeff, future héroïne de sa littérature...

Vient le temps où les femmes ne tiennent plus seulement la cravache mais aussi la plume. Le nom de l'auteur est un pseudonyme, quand le volume ne sort pas sous couvert du total anonymat. Pauline Réage, inconnue en 1954, préfacée par Jean Paulhan, le grand homme de la maison Gallimard, dissimulait derrière son *Histoire d'O* la romancière Dominique Aury. L'éditeur et l'imprimeur se masquent aussi pour échapper à la censure. Et leur appellation, quand elle est apposée, poétise, plaisante ou provoque : « à Paphos, de l'Imprimerie de l'amour », « à Cologne, à la Couronne des amours », « à Lausanne, au Verger des amours », « à Amsterdam, à l'enseigne de la Liberté choisie », « au Cap-Vert, Éditions fugitives », etc. L'humour est encore au rendez-vous sur une édition toute récente et néanmoins clandestine d'un inédit de Paul Léautaud : « à Bandol, aux dépens de la congrégation de l'Index [...]. Le bénéfice escompté sera intégralement versé à mademoiselle Irène, masseuse conventionnée à Bandol, rue des Longs-Chênes. Un tirage au sort désignera l'heureux bénéficiaire de sa prestation. » Mais Jean-Jacques

Florence Fulbert, *Dresseuses d'hommes,* Orties blanches, 1931.
Dominique Aury, *Histoire d'O,* Sceaux, Chez Jean-Jacques Pauvert, 1954.

Pauvert, le jeune éditeur d'*Histoire d'O* qui a le premier osé sortir Sade de la clandestinité, n'est pas homme à se cacher. Il imprime ainsi son nom et l'adresse de sa maison d'édition, à Sceaux, qui est en réalité abritée dans le garage du pavillon de ses parents ! La police sera si convaincue que Pauvert utilisait, comme tous ses pairs, une fausse mention de lieu d'édition qu'elle mettra des années à réaliser que, pour une fois, le vrai s'était mêlé au faux.

L'Antiquité revisitée

L'ÉRUDITION et le retour aux classiques de l'Antiquité forment un artifice très répandu pour publier récits et images coquines. La censure doit s'imposer face aux grands Anciens, et les éditeurs séditieux se drapent derrière la renommée des auteurs et des textes.

L'Art d'aimer d'Ovide, que ses très chastes *Métamorphoses* rendent inattaquable, arrive en tête de ce curieux et fourmillant palmarès. Tous les chefs-d'œuvre sont ainsi revisités par des mises en pages et des illustrations explicites.

Chacun peut d'ailleurs y trouver son compte. Les *Dialogues des courtisanes* de Lucien de Samosate abondent en détails anatomiques. Le *Satiricon* de Pétrone se voit réduit à la scène du banquet orgiaque. Les *Satires* de Juvénal ou de Martial sont exhumées. *Le Banquet* de Platon, *L'Âne d'or* d'Apulée et la poésie de Sapho sont bien entendu mis à contribution. Même les seconds couteaux – ou plutôt plumes ! – tels que Paul le Silentaire et ses *Épigrammes amoureuses* sont réédités au sein de catalogues parfois décoiffants.

Les censeurs ne s'y sont pas toujours trompés. Ils ont mis la main sur des livres puissamment érotiques malgré leur apparence historique ou scientifique. En 1916, l'Enfer de la Bibliothèque nationale accueille *Les Tendres Épigrammes de Cydno la lesbienne,* « traduites du néo-grec, avec une vie de la poétesse par Ibykos de Rhodes », que Guillaume Apollinaire vient d'éditer et qu'il tente de faire passer pour un trésor retrouvé.

Ovide, *L'Art d'aimer,* TERRES LATINES.
Paul le Silentaire, *Poèmes érotiques,* JACQUES HAUMONT, 1952.

Le Vésuve a bon dos

Le « musée secret royal de Naples » a renfermé pendant des siècles les objets érotiques les plus divers, que la Rome antique produisait à destination de ses classes sociales les plus élevées. Jusqu'en 2000, seuls quelques privilégiés pouvaient accéder à cette collection, issue des fouilles ayant exhumé les ruines de Pompéi.

Les amateurs de livres érotiques en connaissent bien l'existence ; car cette étonnante accumulation a été abondamment reproduite dans de somptueux albums. Dès 1832, Famin, « ancien chancelier du consulat général de France dans le royaume des Deux-Siciles », propose à la vente en librairie une soixantaine de planches où se succèdent statues de Pan ou de Priape, pendentifs phalliques et coupes décorées de scènes de débauche en tout genre. L'ouvrage de Stanislas Marie César Famin, qui naît à Marseille en 1799, puis devient bel et bien chancelier du consulat de France à Palerme et à Naples, est plusieurs fois republié, avec une qualité inégale, au cours du XIXe siècle. Au siècle suivant, les éditions deviennent moins luxueuses et se concentrent sur les planches les plus grivoises d'apparence, affublées parfois du sous-titre « Le culte des organes générateurs ».

Il faut encore rappeler que de nos jours se visite, au cœur de la ville antique figée par la lave, le « lupanar », autrement dit la plus vieille des maisons closes : *lupus* signifiant « loup », les prostituées étaient traitées de louves.

(Stanislas Marie César Famin), *Le Musée secret royal de Naples*, Ledoux, **1836 et 1867**.

PL.XXIV

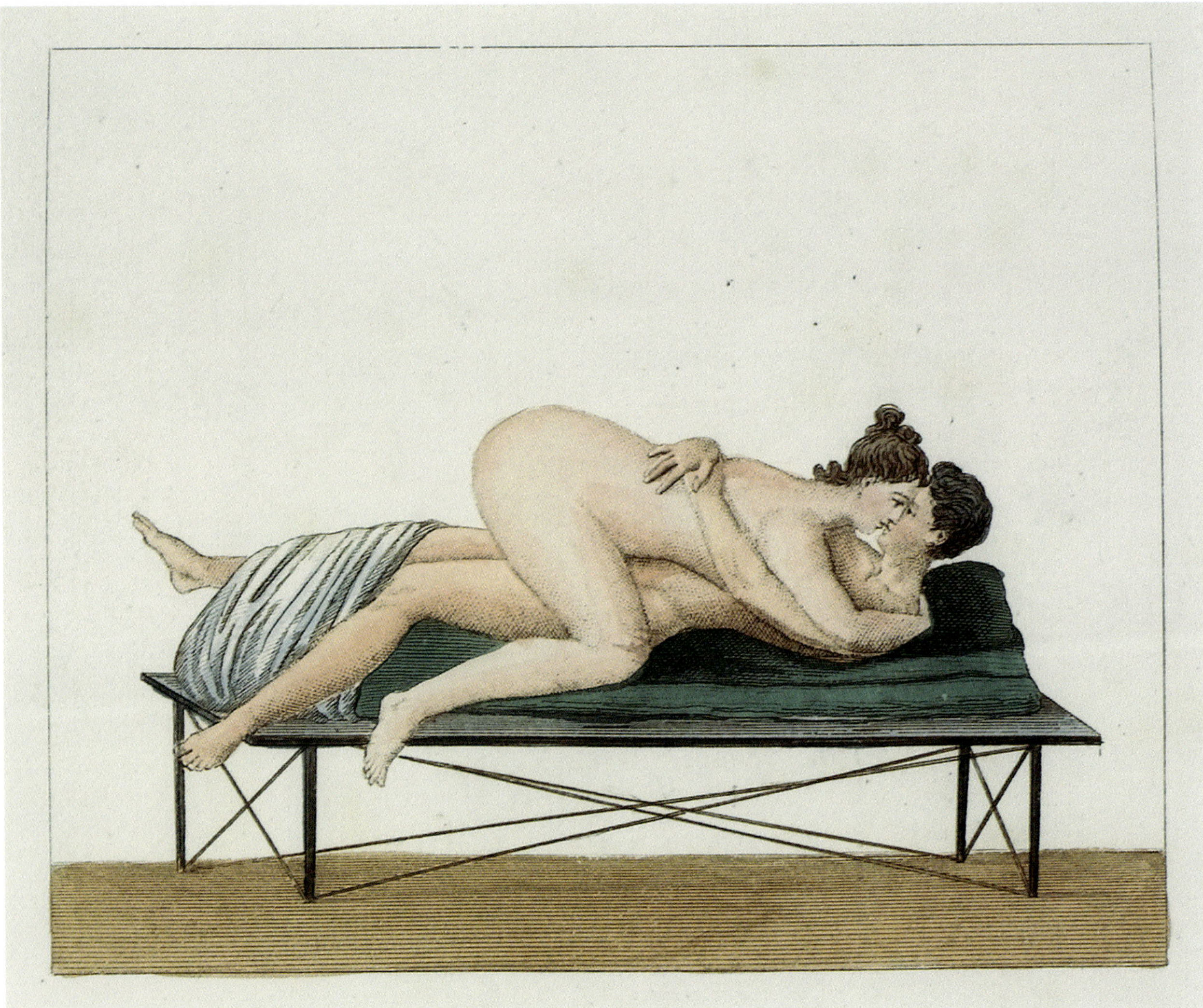

L'histoire en alibi

Paul Burani sous-titre son ouvrage du libellé « roman historique et d'aventures passionnelles ». L'auteur tente de jouer la carte de l'historicité, alors qu'il a publié une série intitulée « Les romans joyeux » au sein de laquelle se glissent *La Mariée des quatre jeudis*, *L'Enfant aux trente-six pères*, *La Petite Vertu des Batignolles* ou encore *La Cuisinière enflammée*…

Mais, en 1901, toutes les audaces sont possibles, pourvu que l'astuce permettant la publication à ciel ouvert soit élaborée. Pour les uns, c'est le retour aux grands textes de l'Antiquité (vérifiée ou imaginée) ou le prétexte scientifique. Pourquoi, dès lors, ne pas jouer la carte de la recherche historique, même romancée ? Il faut bien avouer qu'il y a matière lorsque les mystérieuses « hétaïres » sont explicitées.

Dans la Rome ancienne, celles-ci occupent la fonction de prostituées de luxe. Leur érudition leur permet de jouer un rôle similaire à celui des geishas ou des lorettes qui environnement l'église Notre-Dame-de-Lorette au cœur du XIXe siècle parisien et qui inspireront Zola pour *Nana*, Balzac pour plusieurs volumes, Dumas fils pour *La Dame aux camélias*, Flaubert dans *L'Éducation sentimentale*, sans oublier les frères Goncourt.

Bref les hétaïres intriguent, d'autant plus qu'elles sont financièrement indépendantes. Burani se fait fort de citer Aspasie, la préférée de Périclès, qui reçoit, pour disserter en tout bien tout honneur, de Sophocle à Socrate ! En clair, voilà des femmes aux mœurs idoines, que l'« historien » ne peut ignorer car leur culture et leurs fréquentations s'avèrent aussi irréprochables qu'indispensables à l'étude, même romancée, de l'Antiquité.

Paul Burani, *Les Hétaïres*, Offenstadt Frères, 1901.

La science déviée de sa mission

FRIEDRICH-KARL FORBERG, sérieux conservateur de la bibliothèque de Cobourg, élabore son *De figuris veneris* en 1825 comme une sorte de prélude à la science de l'érotologie, que notre époque contemporaine appelle « sexologie ».
Ce catalogue des différentes sexualités ne pouvait laisser indifférents les éditeurs licencieux, qui s'emparent de l'ouvrage, et de sa caution scientifique, pour en tirer des éditions aussi audacieuses que de moins en moins destinées à un public de chercheurs...
Car il y a toujours eu, en pratique, une certaine tolérance pour les ouvrages destinés à la communauté restreinte des scientifiques. Les libertins ont su en profiter, et les albums sur l'anatomie ou le sport antique ont fleuri au début du XXe siècle. Les modèles dénudés se prêtent au lancer de disque ou à la pose supposément réservée aux étudiants en médecine... Certains auteurs ont le goût de l'érotisme. D'autres celui de l'opportunisme.
Armand Dubarry est un écrivain multicartes, n'hésitant pas à s'essayer à tous les genres dans l'espoir de trouver un filon qu'il faut exploiter jusqu'à la lie. C'est ainsi qu'il a notamment signé un savoureux *Voyage au Dahomey...* sans y avoir jamais mis les pieds. Le procédé a pour mérite que, forte d'une documentation de base, l'imagination du romancier est sans limites. Appliqué à la littérature érotique, les pépites jaillissent sans cesse, de plus en plus impressionnantes.
Tout le paradoxe pour Dubarry consiste, au gré de son esprit fécond, à devoir s'abriter en la matière derrière un prétexte scientifique. Celui-

Friedrich-Karl Forberg, *Manuel d'érotologie classique (De figuris veneris)*,
Isidore Liseux (CHARLES HIRSCH), 1906.
Armand Dubarry, *Le Fétichiste*, CHAMUEL, 1899.

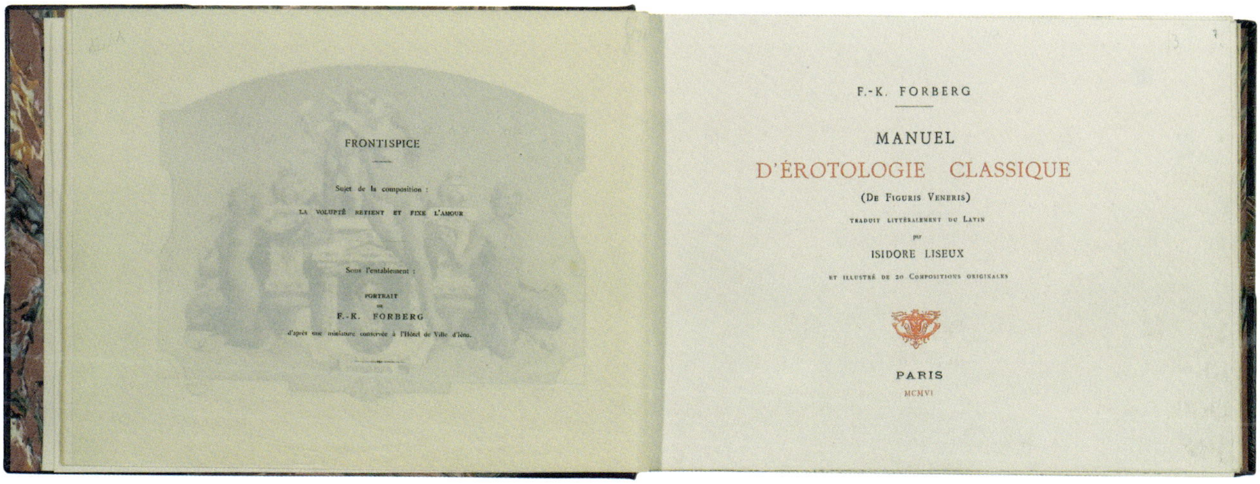

ci sera, pour *Le Fétichiste*, une collection sur « Les déséquilibrés de l'amour » qui s'inscrit dans la même « série de romans passionnels psychopathologiques » que ses précédentes tentatives, *Les Invertis* (sous-titrés, on ne sait pourquoi, hormis une volonté patriotique de reprendre l'Alsace et la Lorraine, « Le vice allemand » !), *L'Hermaphrodite*, *Les Flagellants*, *Le Vieux et l'amour*, *Des femmes eunuques* (annoncé comme « à paraître » et dont l'intitulé laisse songeur). Les historiens de la sexologie auront compris que notre homme s'est penché, à la va-vite mais de façon systématique, sur les grandes catégories médicales de la fin du XIXe siècle. Il rédige d'ailleurs à la hâte *Hystérique* ainsi que *Coupeur de nattes*.

Le Fétichiste est donc le premier volume d'une nouvelle rafale mélangeant récit dialogué et considérations pseudo-scientifiques. Frisson et impunité juridique garantis !

VI

V

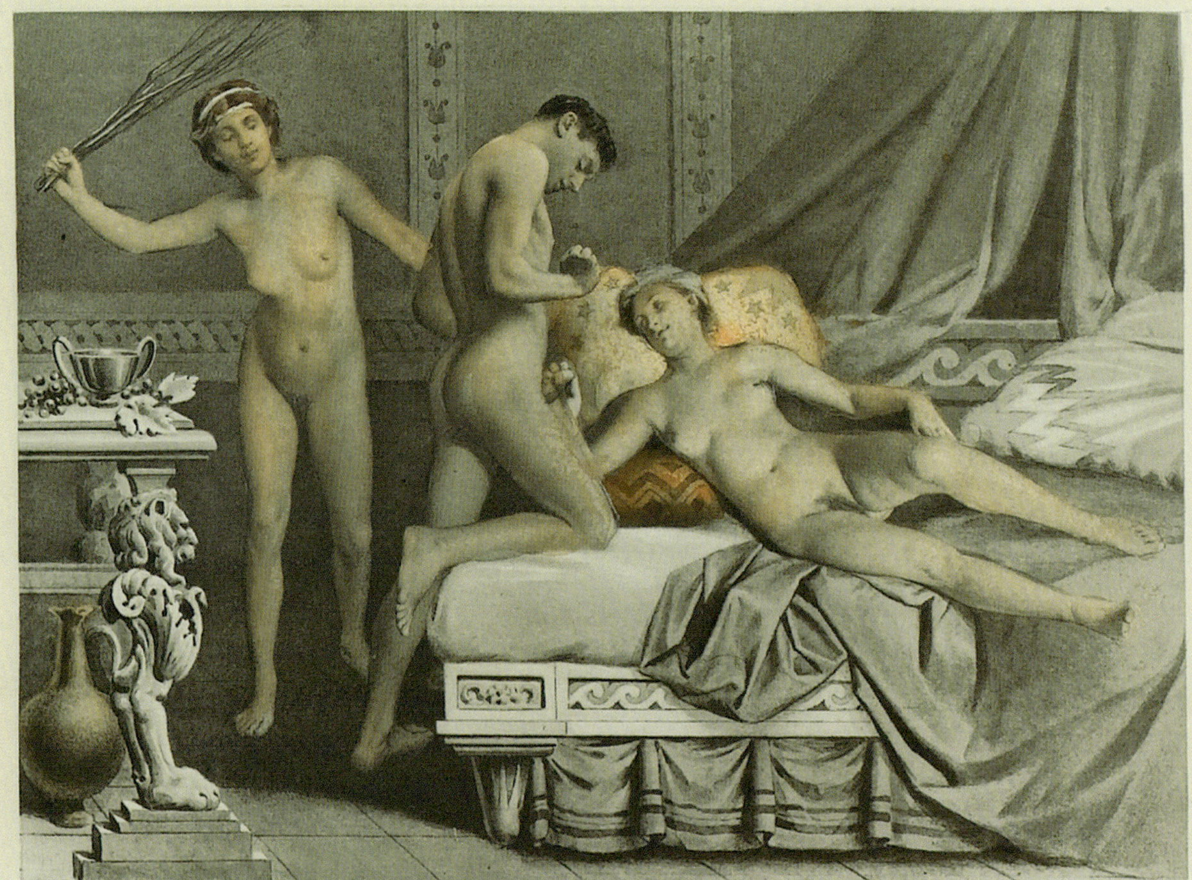

XIX

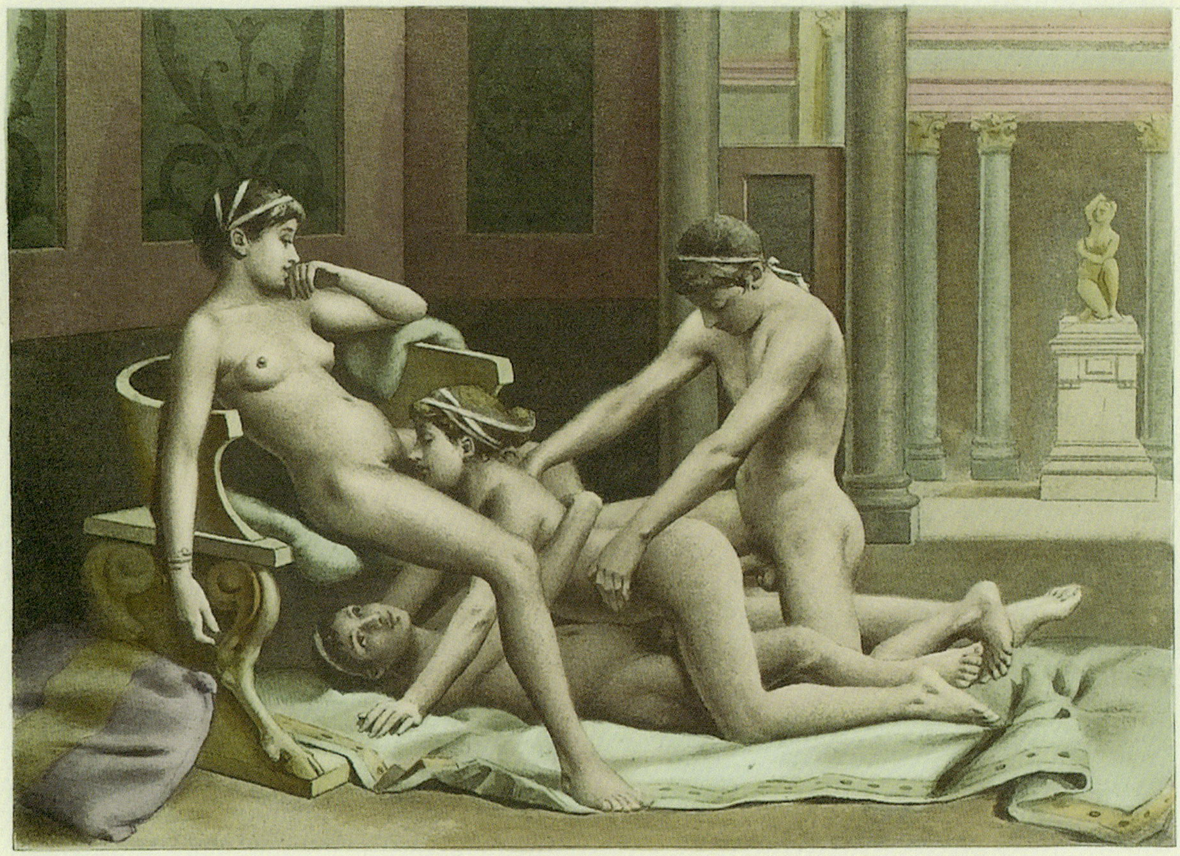

XIV

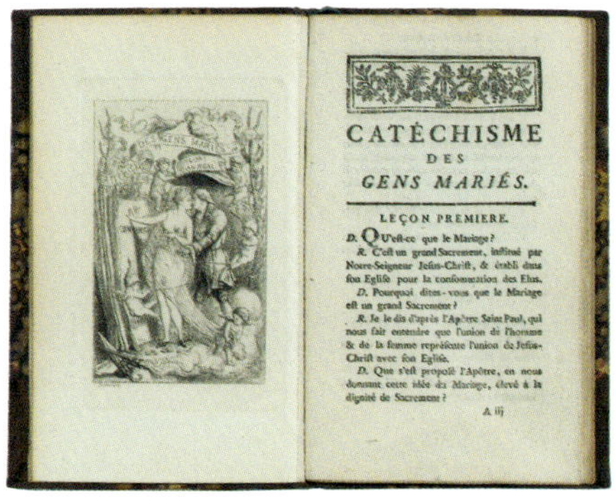

La religion détournée

« DANS CE LIVRE, destiné uniquement aux prêtres et aux diacres, nous avons essayé de recueillir ce que les prêtres ne peuvent ignorer, sans danger, au confessionnal et ce qui ne peut être développé dans les cours publics des séminaires, ni confié décemment et indistinctement aux jeunes élèves. »

C'est sur cette mise en garde que monseigneur Bouvier commence son très explicite commentaire du sixième commandement : « Luxurieux point ne seras de corps ni de consentement. » Il y passe en effet en revue, selon une hiérarchie clairement justifiée, l'ensemble des turpitudes qui, aux yeux de l'Église, peuvent saisir les fidèles et qu'ils avouent à confesse. C'est ainsi que sont fustigés, dans un même élan et avec force détails, la fornication dite « simple », la prostitution, le stupre, le rapt, l'adultère, l'inceste ainsi que le sacrilège. Un appendice spécifique est réservé aux « clercs qui excitent à des actions honteuses ». Monseigneur Bouvier, né en 1783, était évêque du Mans et membre de la congrégation de l'Index. De peur d'en élargir le public éventuel, il n'a jamais consenti à publier son *Manuel* dans ses œuvres complètes, intitulées *Institutions théologiques*. Et son texte, dont le titre original est en latin, est resté pendant longtemps très difficilement accessible. Les bons de commande comportaient en effet la mention suivante : « Toute demande de cet ouvrage doit être accompagnée d'une autorisation de M. le Supérieur du grand séminaire du diocèse ou d'un vicaire général. »

Il a toutefois été soutenu que l'auteur de ce *Manuel* avait choisi de s'as-

Monseigneur Bouvier, *Les Mystères du confessionnal*, CARLIER.
Père Féline, *Catéchisme des gens mariés.*

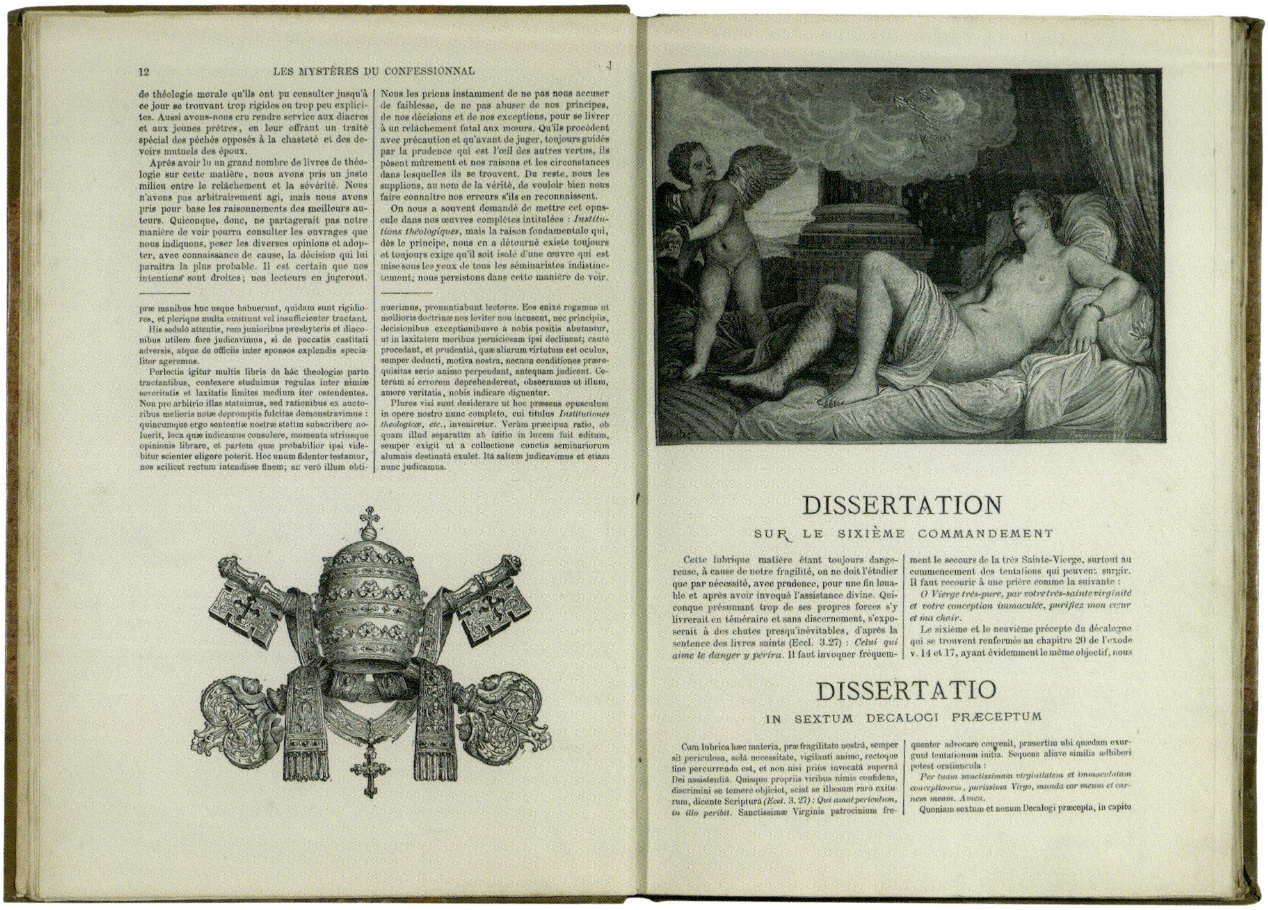

12 LES MYSTÈRES DU CONFESSIONNAL

de théologie morale qu'ils ont pu consulter jusqu'à ce jour se trouvant trop rigides ou trop peu explicites. Aussi avons-nous cru rendre service aux diacres et aux jeunes prêtres, en leur offrant un traité spécial des péchés opposés à la chasteté et des devoirs mutuels des époux.

Après avoir lu un grand nombre de livres de théologie sur cette matière, nous avons pris un juste milieu entre le relâchement et la sévérité. Nous n'avons pas arbitrairement agi, mais nous avons pris pour base les raisonnements des meilleurs auteurs. Quiconque, donc, ne partagerait pas notre manière de voir pourra consulter les ouvrages que nous indiquons, peser les diverses opinions et adopter, avec connaissance de cause, la décision qui lui paraîtra la plus probable. Il est certain que nos intentions sont droites; nos lecteurs en jugeront. Nous les prions instamment de ne pas nous accuser de faiblesse, de ne pas abuser de nos principes, de nos décisions et de nos exceptions, pour se livrer à un relâchement fatal aux mœurs. Qu'ils procèdent avec précaution et qu'avant de juger, toujours guidés par la prudence qui est l'œil des autres vertus, ils pèsent mûrement et nos raisons et les circonstances dans lesquelles ils se trouvent. Du reste, nous les supplions, au nom de la vérité, de vouloir bien nous faire connaître nos erreurs s'ils en reconnaissent.

On nous a souvent demandé de mettre cet opuscule dans nos œuvres complètes intitulées : *Institutions théologiques*, mais la raison fondamentale qui, dès le principe, nous en a détourné existe toujours et toujours exige qu'il soit isolé d'une œuvre qui est mise sous les yeux de tous les séminaristes indistinctement; nous persistons dans cette manière de voir.

præ manibus huc usque habuerunt, quidam sunt rigidiores, et plerique multa omittunt vel insufficienter tractant.

His sedulò attentis, rem junioribus presbyteris et diaconibus utilem fore judicavimus, si de peccatis castitati adversis, atque de officiis inter sponsos explendis specialiter ageremus.

Perlectis igitur multis libris de hâc theologiæ parte tractantibus, contexere studuimus regulas inter nimiæ severitatis et laxitatis limites medium iter ostendentes. Non pro arbitrio illas statuimus, sed rationibus ex auctoribus melioris notæ depromptis fulcitas demonstravimus : quincumque ergo sententiæ nostræ statim subscribere noluerit, loca quæ indicamus consulere, momenta utriusque opinionis librare, et partem quæ probabilior ipsi videbitur scienter eligere poterit. Hoc unum fidenter testamur, nos scilicet rectum intendisse finem; at verò illum obtinuerimus, pronuntiabunt lectores. Eos enixè rogamus ut mollioris doctrinæ nos leviter non incusent, nec principiis, decisionibus exceptionibusve à nobis positis abutantur, ut in laxitatem moribus perniciosam ipsi declinent; caute procedant, et prudentiâ, quæ aliarum virtutum est oculus, semper deducti, motiva nostra, necnon conditiones prærequisitas serio animo perpendant, antequam judicent. Ceterùm si errorem deprehenderent, obsecramus ut illum, amore veritatis, nobis indicare dignentur.

Plures visi sunt desiderare ut hoc præsens opusculum in opere nostro nunc completo, cui titulus *Institutiones theologicæ, etc.*, inveniretur. Verùm præcipua ratio, ob quam illud separatim ab initio in lucem fuit editum, semper exigit ut à collectione cunctis seminariorum alumnis destinatâ exulet. Ità saltem judicavimus et etiam nunc judicamus.

DISSERTATION

SUR LE SIXIÈME COMMANDEMENT

Cette lubrique matière étant toujours dangereuse, à cause de notre fragilité, on ne doit l'étudier que par nécessité, avec prudence, pour une fin louable et après avoir invoqué l'assistance divine. Quiconque présumant trop de ses propres forces s'y livrerait en téméraire et sans discernement, s'exposerait à des chutes presqu'inévitables, d'après la sentence des livres saints (Eccl. 3.27) : *Celui qui aime le danger y périra*. Il faut invoquer fréquemment le secours de la très Sainte-Vierge, surtout au commencement des tentations qui peuvent surgir. Il faut recourir à une prière comme la suivante :

O Vierge très-pure, par votre très-sainte virginité et votre conception immaculée, purifiez mon cœur et ma chair.

Le sixième et le neuvième précepte du décalogue qui se trouvent renfermés au chapitre 20 de l'exode v. 14 et 17, ayant évidemment le même objectif, nous

DISSERTATIO

IN SEXTUM DECALOGI PRÆCEPTUM

Cum lubrica hæc materia, præ fragilitate nostrâ, semper sit periculosa, solâ necessitate, vigilanti animo, rectoque fine percurrenda est, et non nisi priùs invocatâ supernâ Dei assistentiâ. Quisque propriis viribus nimis confidens, discrimini se temere objiciet, sciat se illæsum raró exiturum, dicente Scripturâ *(Eccl. 3. 27) : Qui amat periculum, in illo peribit.* Sanctissimæ Virginis patrocinium frequenter advocare convenit, præsertim ubi quædam exurgunt tentationum initia. Sequens aliave similis adhiberi potest oratiuncula :

Per tuam sanctissimam virginitatem et immaculatam conceptionem, purissima Virgo, munda cor meum et carnem meam. Amen.

Quoniam sextum et nonum Decalogi præcepta, in capito

seoir nu sur un banc de pierre pendant sa rédaction et changeait de place en cours de travaux pour se refroidir les sens. Ce qui explique peut-être que le *Manuel* de monseigneur Bouvier ait connu un succès inattendu en étant traduit et reproduit à la fin du siècle dernier dans les publications anticléricales.

Quant au *Catéchisme des gens mariés* du père Féline, il a vu le jour en 1782. Ce texte a été rapidement interdit par les autorités ecclésiastiques et n'a été réédité qu'à partir de 1880. « C'est une morale aussi singulière que bouffonne et obscène », commente la savante (et étonnante) *Bibliographie clérico-galante* de Laporte, qui recense les ouvrages sur l'amour écrits par des gens d'Église...

Anticléricalisme

Le Scandale d'un curé de campagne s'inscrit dans la longue tradition visant à discréditer par des documents plus ou moins vraisemblables les principaux tenants de l'ordre moral. C'est là une autre manifestation de l'anticléricalisme forcené, qui est un des principaux sujets d'obsession des libertins du monde des lettres.

Parmi les plus célèbres ouvrages figure *La Chasteté du clergé dévoilée ou Procès-verbaux des séances du clergé chez les filles de Paris trouvés à la Bastille,* publiée clandestinement en 1790.

Notre *Scandale d'un curé de campagne*, édité en apparence à hollyprick City, se trouve pimenté par les mentions farfelues qui servent de caution à sa publication. Prick pourrait se traduire par « trique » et donc Hollyprick par « trique sacrée ».

Le genre catéchistique, qui a déjà été abordé plus avant, a également été souvent conjugué avec l'érotisme par des usurpateurs. Le *Catéchisme libertin à l'usage des filles de joie et des jeunes demoiselles qui se destinent à embrasser cette profession* est un opuscule drôle, parfois très osé et toujours fort bien tourné. Il se présente comme un manuel d'instruction à l'usage des prostituées parisiennes. On y répond par exemple à de nombreux dilemmes : « Une putain doit-elle procurer autant de plaisir à un fouteur de vingt-quatre sous qu'à celui qui la paie généreusement ? »

Le *Catéchisme libertin* était d'ailleurs présenté comme l'œuvre de Mlle Théroigne, qui tentait alors de mettre sur pied un corps révolutionnaire féminin. Il y est notamment rappelé que la putain « doit avoir derrière son miroir deux bonnes verges, l'une ornée de ruban rose, et l'autre bleu. Aujourd'hui que tout est à la patriote, que l'on fout même patriotiquement, il suffit d'un ruban aux trois couleurs ».

Il existe encore un *Catéchisme poissard*, un *Catéchisme des filles du Palais-Royal*, un *Catéchisme des amants*, un *Catéchisme lesbien*, etc. Autant de vocations littéraire suscitées par la volonté de se faire passer pour des gens d'Église plus que pour des paillards.

Le Scandale d'un curé de campagne, Hollyprick City, 1952.

. . . elle commençait à haleter, je l'excitais avec des mots saccadés, des mots brefs et fous, comme des coups de fouet, et puis, j'ai senti qu'elle jouissait, elle m'inondait de foutre chaud, . . .

Détournons les classiques

Le détournement des classiques est également l'une des distractions favorites des littérateurs érotiques.
La Légende des siècles de Victor Hugo se voit affublée d'un complément intitulé *La Légende des sexes, poèmes hystériques*, en 1882, par Edmond Haraucourt (romancier par ailleurs précurseur du récit préhistorique que Rosny portera à son apogée avec la désormais célèbre *Guerre du feu*). Il en coûtera bien plus tard au jeune Haraucourt, alors âgé de 27 ans et désireux de dresser une « épopée du bas-ventre », une place à l'Académie française.
Plus près de nous, *La Première Gorgée de sperme*, rédigé anonymement par une romancière connue, sert de pendant érotique au best-seller de Philippe Delerm *La Première Gorgée de bière*.
Les aventures de Robinson Crusoé n'ont pas échappé à la règle du jeu. *La Vie sexuelle de Robinson Crusoé* est d'abord paru en 1955 et en anglais, à Paris, sous la signature fantaisiste de Humphrey Richardson. L'éditeur en est Maurice Girodias, dont la maison, Olympia Press, reste celle du premier tirage mondial de *Lolita*.
Michel Gall, l'auteur de ce Robinson vu sous un autre jour, ressort son texte en français cette fois, mais toujours sous pseudonyme, en 1963. L'imagination prend véritablement le pouvoir car, en attendant l'arrivée d'un partenaire en la personne de... Vendredi, Robinson doit se rêver en femme, s'enduire pour que les poissons tropicaux du lagon adhèrent à sa peau, etc. : ce brillant exercice prend l'allure d'une île de la tentation écolo ; et en solitaire.

(Michel Gall) Humphrey Richardson, *La Vie sexuelle de Robinson Crusoé*,
Au cercle du livre précieux, 1963.

HUMPHREY RICHARDSON

La vie sexuelle de ROBINSON CRUSOÉ

au Cercle
du Livre Précieux

1963

Des va-et-vient d'un chef-d'œuvre

Pierre Ambroise François Choderlos de Laclos embrasse la carrière de militaire. Mais son dessein est bel et bien de « faire un ouvrage qui sortît de la route ordinaire, qui fît du bruit, et qui retentît encore sur la Terre quand j'y aurai passé ». Il y réussit avec *Les Liaisons dangeureuses,* s'attelant à la tâche en 1779, à 38 ans, d'abord à l'île d'Aix où il est posté, puis lors d'un congé pris à Paris. L'écriture lui permet de prendre sa revanche sur les femmes, qu'il estime inaccessibles, mais aussi envers la vieille aristocratie. Lorsque l'ouvrage paraît, en 1782, le premier tirage de deux mille exemplaires se vend en moins d'un mois. Le succès perdure encore. Notre auteur, lui, se fait tancer – et muter – par ses supérieurs, qui ont bien compris, au-delà des aventures galantes, quelle caste constitue la cible de l'officier devenu écrivain vedette. Son éloignement lui permet de rencontrer enfin l'amour et d'adopter un ton beaucoup moins misogyne.

Bien avant d'inspirer les cinéastes (de Roger Vadim à Stephen Frears en passant par Milos Forman) et de gagner ses lettres de noblesse à l'université, le célèbre roman épistolaire provoque soudainement l'ire de la censure en 1824, soit plus de vingt ans après la mort de son auteur...

Il suscite aussi la convoitise des éditeurs de littérature érotique. Mais certains, plutôt que de se contenter d'agrémenter de planches audacieuses le texte original, tentent de le prolonger. C'est ainsi que paraissent, en 1927, ces *Vrais Mémoires de Cécile de Volanges*. L'éditeur Jean Fort, spécialisé dans les ouvrages sulfureux, remet en scène Cécile de Volanges, la jeune proie que la marquise de Merteuil offre à son ancien amant, le vicomte de Valmont.

La suite est connue. Fort arrive toutefois à convaincre un auteur anonyme de se glisser dans la peau de la jeune fille et de lui faire livrer d'autres pensées, bien plus lubriques, que celles qui sont passées à la postérité.

Les Vrais Mémoires de Cécile de Volanges, Fort, 1927.

L'histoire de l'art justifie tout

GEORGES MONTORGUEIL est le nom de plume du journaliste Octave Lebesgue. Celui-ci change aisément de morale, car son nom figure comme dédicataire du recueil de nouvelles d'Ernest d'Orlanges *L'Homme à passion*, condamné à la destruction en 1885. La dédicace mentionne : « À toi qui me voudrais austère, je jette ce livre comme un défi. »
Le défi est relevé, près de onze ans plus tard, sous un prétexte bien connu des auteurs taquinant la grivoiserie littéraire. *Les Déshabillés au théâtre* se présentent en effet comme une dissertation sur les pièces et les scènes montrées dans les salles parisiennes. Le tout est en réalité un alibi pour aligner planches coquines et narrations subjectives.
Le procédé a été à de nombreuses reprises utilisé pour justifier les volumes les plus suggestifs. L'invention de la photographie, son irruption au sein des livres permettront ensuite d'éditer des albums de clichés où l'art a bon dos… et belle fesse. C'est ainsi que, en sus de descriptions livresques s'étendant sur les mérites du théâtre, du music-hall ou de l'histoire de la peinture, le nu artistique fleurit en librairie au rayon supposément destiné à l'éducation des étudiants en beaux-arts. Se succèdent des images noir et blanc où l'anatomie s'expose sous toutes les coutures, pour la plus grande joie des amateurs.
Ceux-ci trouvent peu après un nouveau terrain de jeu avec le grand retour des jeux Olympiques : c'est alors le tour des gravures et photographies où posent de jeunes athlètes des deux sexes, habillés qui d'un simple javelot, qui d'un disque à bout de bras, etc.

Georges Montorgueil, *Les Déshabillés au théâtre,* FLOURY, 1896.

Henri Boutet del et sc

LE BAIN

des puces et que la pantomime est par excellence la langue universelle, elle intéressa.

« Toutes les femmes, disait-elle, me comprendront, » et toutes les femmes la comprirent. Qui d'elles n'eut à lutter contre l'insecte importun ? Un grand seigneur les savait si peu exemptes de cette compagnie qu'il disait s'éloigner des femmes dans la crainte qu'elles ne donnassent des puces à ses chiens.

Ce n'était là qu'un spectacle de famille dont la censure avait, dans chaque pays, réglé le scénario. Les préjugés diffèrent selon les latitudes. Hambourg, ville libre, autorisait ce que la capitale ne pouvait permettre. En Prusse, Mlle Héraud pouvait retirer son corset : elle le devait garder en Autriche. Berlin lui interdisait de se gratter le genou, mais Vienne sans rougir l'en priait. A Paris, la censure diligente fut prise de scrupule lorsqu'elle la vit écarter d'une main sa chemise et sonder l'espace où bondissait la rebelle. Le souvenir d'un certain dessin revint au censeur d'une femme de Grévin qui avait les yeux dans la même direction et à qui l'artiste faisait dire : « Quand je pense que c'est là que mon mari met son honneur ! »

Pour écarter l'idée qu'elle songeait aussi à cette

Henri Boutet del et sc.

LA PUCE

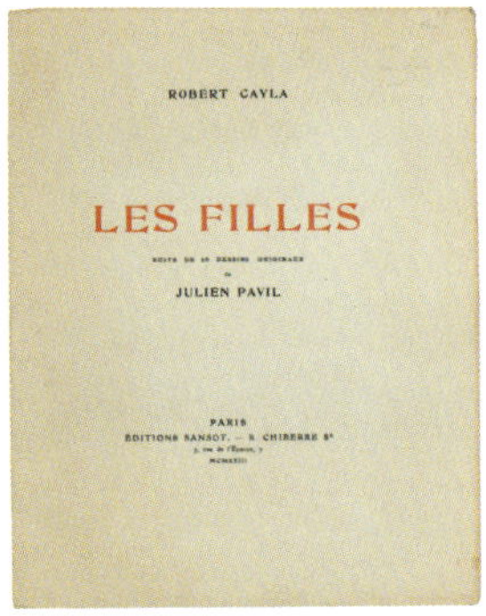

Les prostituées en alibi

La prostitution est un sujet idéal pour celui qui cherche à publier textes et gravures érotiques. Le phénomène, réputé « plus vieux métier du monde », est en tout cas une préoccupation constante du législateur, des médecins, des autorités policières, etc. Autant de thèmes permettant de disserter sur le régime juridique, l'histoire ou le triste sort des filles. Pour le plus grand plaisir des amateurs de voyeurisme déguisé sous les oripeaux de la scientificité.
Même Anatole France, acheteur de livres érotiques clandestins, fait dire à l'un de ses personnages : « Je doute, monsieur, qu'une loi ou ordonnance puisse avoir l'effet que vous dites. J'en juge par les filles de joie, qui sont à elles seules, en une année, l'objet de plus d'édits qu'il ne s'en rend dans un siècle pour tous les autres corps du royaume, et qui n'en exercent pas moins leur négoce avec une exactitude qui tient des forces naturelles. »
Et, de fait, le Moyen Âge français a d'abord imaginé de faire porter aux prostituées un costume particulier qui les distingue des femmes « honnêtes ». Un peu moins rigoureux, Louis IX (le saint roi !) tente de leur interdire les vêtements luxueux. Mais la répression se fait plus sévère sous Charles VIII, qui entend qu'on brûle vives toutes les prostituées… On pense ensuite à leur imposer des lieux déterminés, réservés à leur activité. François Ier décide de supprimer ces endroits de concentration de criminels. Les lettres patentes nous apprennent que les prostituées de l'Ancien Régime « seront habillées de tirelaine, avec des sabots ; elles auront du pain, du potage et de l'eau pour toute nourriture, et une paillasse, des draps et une couverture pour se coucher. On les fera travailler

Robert Cayla, *Les Filles*, Sansot/Chibère, 1923.
A. Carel, *Folles de leur corps*, Monnier, 1884.
Jacques Roberti, *Maisons de société, choses vues*, Fayard, 1927.

le plus longtemps aux ouvrages les plus pénibles que leurs forces pourront permettre ». On ne sait si le rédacteur de ces textes inspira la Cosette d'Hugo ou la Petite Marchande d'allumettes d'Andersen…
Bref, le champ d'investigation – et de spéculation – est si vaste que *Les Filles*, *Folles de leur corps* ou encore *Maisons de société, choses vues* ne sont qu'un échantillon d'une production presque aussi ancienne que son objet.

A. CAREL

ILLUSTRATIONS
de
HOPE

Ed. MONNIER, Éditeur, 16, rue des Vosges, PARIS

1884

JACQUES ROBERTI
MAISONS DE SOCIÉTÉ
CHOSES VUES
P. ALLIER
ARTHÈME FAYARD & Cie
ÉDITEURS PARIS
PRIX :
PARIS

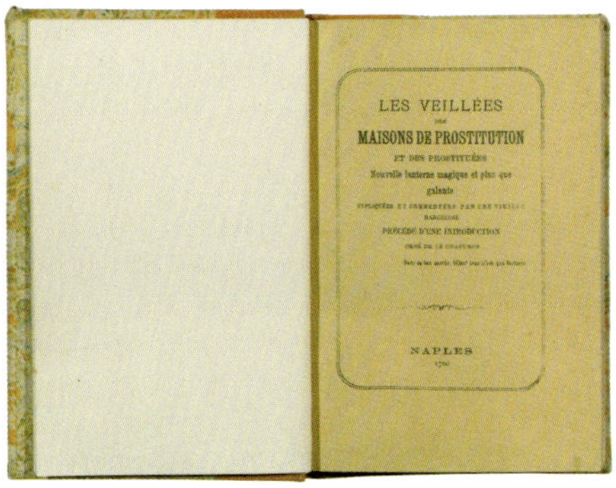

Antidatons, antidatons, il en restera toujours quelque chose

LES VRAIS PORNOGRAPHES, les factieux, les rebelles, les anticléricaux ont vite appris les vertus de la dissimulation : les livres qu'ils font imprimer sont conçus pour dérouter les autorités, prises en la personne de la maréchaussée. L'anonymat, le pseudonyme, la fausse mention du lieu d'impression, du nom de l'éditeur sont monnaie courante. Comme déjà dit plus avant, la date qui orne la couverture ou figure au colophon est fréquemment antérieure de plusieurs années à celle de l'impression. Car ainsi la police, si elle met la main sur un exemplaire égaré en librairie, se persuade qu'il ne sert à rien de s'épuiser à traquer un tirage si ancien qu'il est sans doute déjà disséminé et ne repose plus en piles chez ses concepteurs.

À lire les premières pages des *Veillées des maisons de prostitution*, l'ouvrage aurait été fabriqué sur les bords de la Méditerranée en 1700, alors qu'en réalité il peut être daté de 1832. Le « truc » fonctionne, puisque l'ouvrage n'est condamné que cinq ans plus tard ! Les spécialistes de livres clandestins, collectionneurs, amateurs ou chercheurs doivent remonter le fil. Il faut partir du papier, de la typographie, du contenu du livre, de son format, de ses éventuelles illustrations pour deviner que tel et tel ont produit, en une année précise autre que celle proposée, ce libelle chéri. Les Index et autres catalogues de l'Enfer dressés par les censeurs sont là pour aider à approcher la vérité éditoriale. Ils se trompent aussi, et il est alors nécessaire de puiser dans l'histoire littéraire, dans les biographies, dans les analyses de style, dans les archives d'imprimeurs, pour en avoir le cœur net… et la fiche exacte.

Les Veillées des maisons de prostitution, Naples, 1700 (1860).

6.

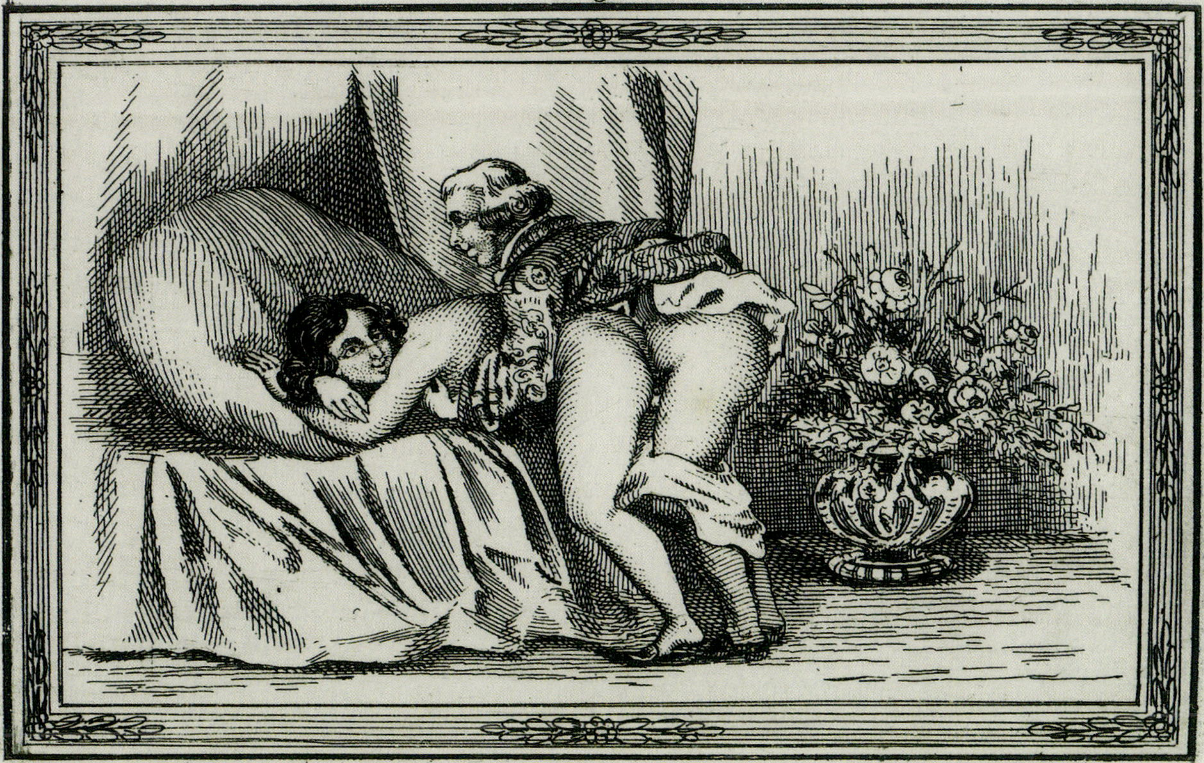

Nobody is someone

À la fin du XVIIIe siècle, un sulfureux ouvrage intitulé *La Messe de Gnide* paraît sous le manteau ; avant de connaître diverses rééditions jusqu'à ce que, un siècle plus tard, l'éditeur Isidore Liseux y accole le nom du poète Griffet de La Baume, mort en 1805, à 55 ans.
La présentation de l'édition originale, destinée à tromper la gendarmesque, ne manque pas de sel : « Ce petit ouvrage, composé longtemps avant la Révolution, a été trouvé dans le papiers de C. Nobody, jeune poète heureusement né, mais à qui la funeste habitude de l'opium fit perdre en moins de deux ans la santé, l'imagination, la mémoire et le goût du travail, et qui finit par se tuer lui-même d'un coup de pistolet le 11 juin 1787. Il était né dans les environs de Beauvais en 1766, et demeurait à Paris depuis 1775. Il a laissé beaucoup d'autres manuscrits, qui annoncent de l'invention et de la facilité ; mais ce sont pour la plupart des ébauches ou des commencements d'ouvrages que leur état d'imperfection ne permet pas de publier. Cette bagatelle érotique est la seule de ses productions à laquelle notre auteur ait mis la dernière main, dans le peu d'intervalles lucides que lui laissait le dépérissement excessif de ses organes... »
Gageons que la police de l'époque ne maîtrisait pas l'anglais au point de comprendre non seulement que Nobody signifie « personne », mais aussi que les éditeurs séditieux ne manquaient ni d'audace ni d'humour.

(Griffet de La Baume), *La Messe de Gnide*, Gay et Doucé, **1881**.

LA

MESSE DE GNIDE

Suivie du SERMON PRÉCHÉ A GNIDE
de la PRIÈRE A CÉLINE et de la
VEILLÉE DE VÉNUS.

BRUXELLES
CHEZ GAY ET DOUCÉ, ÉDITEURS

1881

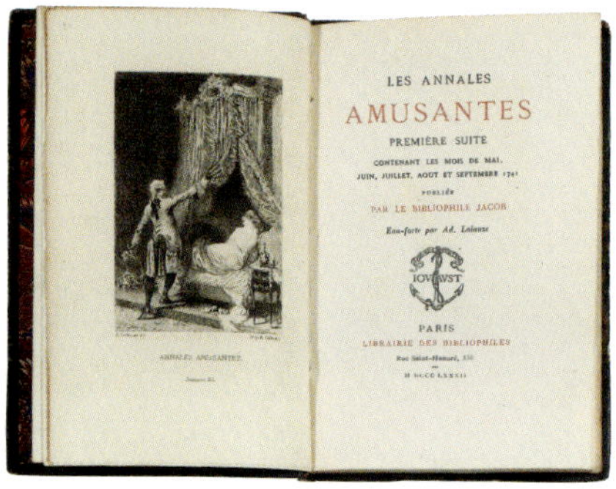

De la comptabilité à la piraterie, de l'ordre des Carmes à *Ma tante Geneviève*

LE DESTIN DES ÉDITEURS de livres érotiques est souvent singulier et inattendu. Henry Kistemaeckers, qui publie ces *Contes érotico-philosophiques* en 1882, n'échappe pas à la règle.

Né en 1851 à Anvers, il grandit auprès d'un père expert-comptable. À 18 ans, alors qu'il est orphelin depuis deux années, il devient... « commissaire comptable », puis épouse la fille d'un maître brasseur. La voie de l'embourgeoisement semble tracée.

Le premier changement de cap intervient à peine trois ans plus tard, lorsqu'il s'installe comme libraire, entre en maçonnerie et endosse le rôle de secrétaire au quatrième congrès belge de la Ire Internationale !

Nouvelle bifurcation en 1880, alors qu'il commence à éditer, à Bruxelles, des textes de plus en plus coquins. Cette ligne s'accompagne du piratage des meilleures ventes de ses concurrents. Il faut y ajouter les impressions clandestines, au bas mot plus d'une soixantaine en une poignée de millésimes. Mais, au fur et à mesure que son catalogue gagne en témérité, les procès pleuvent. Kistemaeckers doit s'exiler à Paris pendant près de dix ans. Il retournera plus tard dans la capitale française, ruiné, pour mourir dans l'oubli en 1934. Quant au pseudonyme du Bibliophile Jacob il apparaît à de multiples titres dans l'histoire de la littérature érotique publiée au XIXe siècle. De son vrai nom Paul Lacroix, il a tenté de se faire connaître en signant une poignée de pièces et de romans historiques. Mais c'est sous la casquette d'historien du livre, d'amateur de curiosités plus ou

Beaufort d'Auberval, *Contes érotico-philosophiques*, HENRY KISTEMAECKERS, 1882.
Paul Lacroix, dit le Bibliophile Jacob, *Les Annales amusantes*, LIBRAIRIE DES BIBLIOPHILES, 1882.

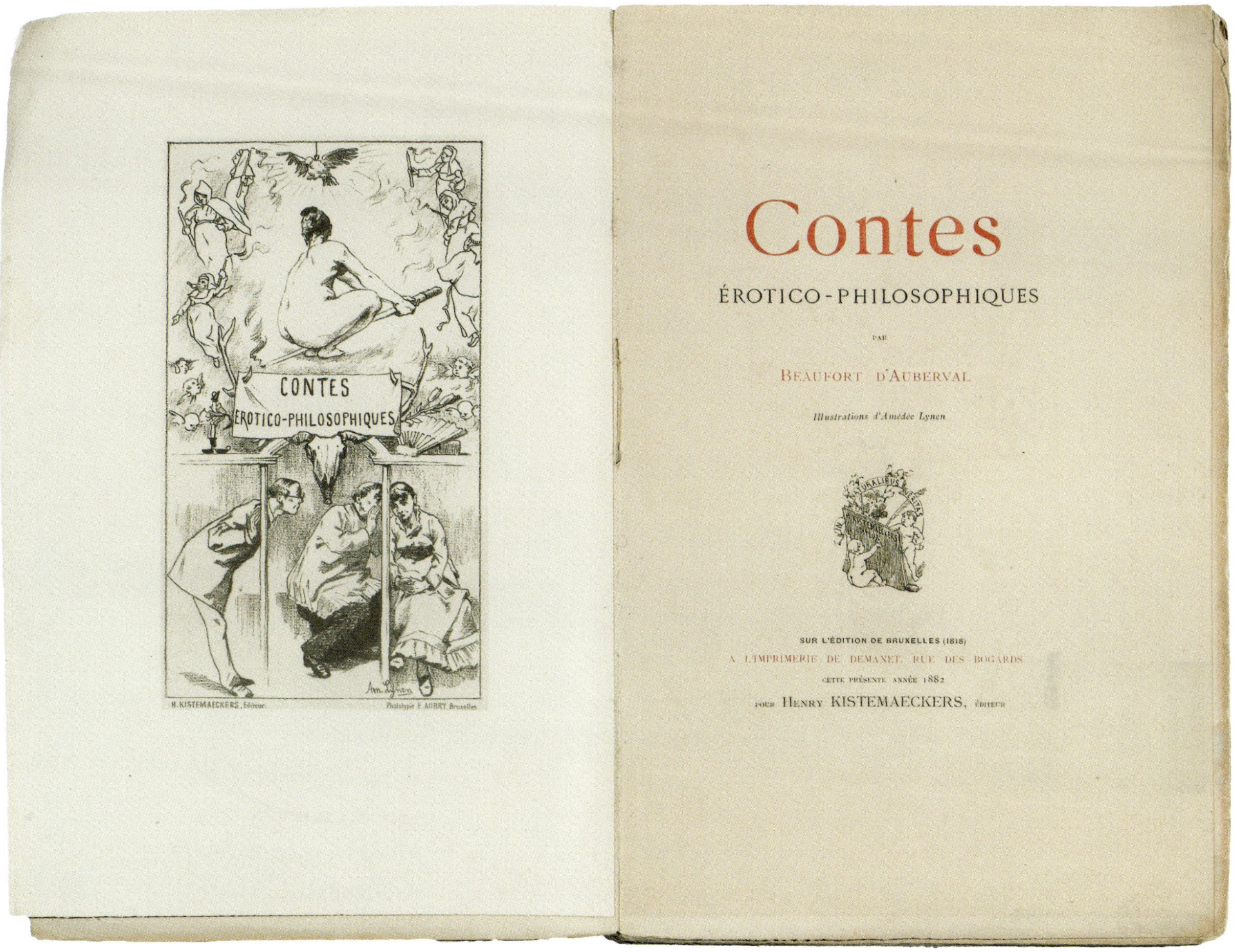

moins galantes, qu'il a gagné ses lettres de noblesse littéraire. Il a forgé son nom d'érudit, qu'il a utilisé à partir de 1829, dès l'âge de 23 ans, en hommage au père Louis Jacob de Saint-Charles, premier grand bibliographe français et par ailleurs entré dans l'ordre des Carmes en 1625.
La référence à ce très sérieux parrainage ne manque pas de sel pour notre bibliophile, dont le nom se retrouve notamment mêlé à ces *Annales amusantes.* Sans compter son intérêt pour la vie du Marquis de Sade et son œuvre, comme pour celle de Pierre-Corneille de Blessebois, l'auteur en particulier du *Rut ou la Pudeur éteinte.* Le goût de la recherche a également poussé Paul Lacroix à disséquer les *Chansons folastres*, *Ma tante Geneviève ou Je l'ai échappé belle*, *Les Délices ou Discours joyeux et récréatifs*, les pamphlets érotiques visant Marie-Antoinette ou encore *Julie ou J'ai sauvé ma rose.* La passion de l'histoire peut parfois éloigner l'érudit bien loin de la doctrine des Carmes...

Être alîté donne des idées

C'EST EN 1584, à la suîte d'une (très mauvaise) chute de cheval, que Pierre de Bourdeille, seigneur de Brantôme, se retrouve alîté durant quatre longues années. Il met celles-ci à profit pour rédiger ses *Vies des dames galantes*, au sein desquelles il développe sa vision de la sexualîté féminine. Se fondant sur sa propre expérience de coureur de jupons, Brantôme multîplie les historiettes où ses héroïnes se montrent à la fois superbes dans la noblesse... de leurs sentiments et promptes aux plaisirs de la chair.

Le père de Brantôme traîte lui-même le pape Jules III de « garnement ». Rien d'étonnant à ce que le fils se permette de disserter sur Anne de Bretagne, dont il vante la claudication, considérant que les boîteuses sont meilleures amantes. Les cuisses de Catherine de Médicis l'inspirent tout autant, à l'instar des charmes de Marie Stuart. L'immobilisation du seigneur de Brantôme est sans doute à l'origine de ses considérations sur la saison de l'année la plus propice au cocuage ! Cette sorte d'encyclopédie érotique consacrée aux femmes de la haute société devient un classique des bibliothèques libertines.

Moins réjouissant mais tout aussi sulfureux, *Le Cahier d'amour* de Joë Bousquet a été publié après la mort de son auteur, intervenue en 1950. Celui-ci a été blessé à la colonne vertébrale sur le front en 1918 et, paralysé, il reste enfermé dans sa chambre de Carcassonne. Il y rédige cet étonnant mélange de fantasmes en tout genre. Le catalogue des désirs de Bousquet rejoint ainsi, au rang des grands textes et par une curieuse gémellîté d'alîtés, le panorama érotique dressé plus de trois siècles auparavant par un autre gentilhomme des lettres.

Les Belles Histoires du seigneur de Brantôme, G. Crès & Cie, 1924.

LES

BELLES HISTOIRES

DU SEIGNEUR

DE BRANTOME

ILLUSTRÉES D'IMAGES

PAR

JOSEPH HÉMARD

PARIS

LES ÉDITIONS G. CRÈS & Cie

11, RUE HAUTEFEUILLE (VIe)

MCMXXIV

LA PRÉCAUTION INUTILE OU DE L'INUTILITÉ DES SERRURES ET DE L'UTILITÉ DES SERRURIERS

Du temps du roy Henry, il y eut un certain quinquailleur qui apporta une douzaine de certains engins à la foire de Sainct-Germain pour brider le cas des femmes, qui estoyent faits de fer et ceinturoyent comme une ceinture, et venoyent à prendre par le bas et se fermer en clef; si subtilement faits, qu'il n'estoit pas possible que la femme, en estant bridée une fois, s'en pust jamais prévaloir pour ce doux plaisir, n'ayant que quelques petits trous menus pour servir à pisser.

On dit qu'il y eut quelque cinq ou six maris jaloux fascheux, qui en acheptèrent et en bridèrent leurs femmes de telle façon qu'elles purent bien dire : « Adieu, bon temps. » Si en y eut-il une qui s'advisa de s'accoster d'un serrurier fort subtil en son art, à qui ayant monstré leur engin, et le sien et tout, son mary estant allé dehors aux champs, il y applicqua si bien son esprit qu'il y forgea une fausse clef, que la dame l'ouvroit et le fermoit à toute heure et quand elle vouloit. Le mary n'y trouva jamais

rien à dire. Et se donna son saoul de ce bon plaisir, en dépit du fat jaloux cocu de mary, pensant vivre tousjours en franchise de cocuage. Mais ce meschant serrurier qui fit la fausse clef, gasta tout; et si fit mieux, à ce qu'on dit, car ce fut le premier qui en tasta et le fit cornard : aussi n'y avoit-il danger, car Vénus, qui fut la plus belle femme et putain du monde, avoit Vulcain, forgeron et serrurier, pour mary, lequel estoit un fort vilain, salle, boiteux et très-laid.

LE VIEUX MARI COMPLAISANT

D'autres fois ay-je cogneu un grand seigneur, qui, ayant pris deux courtisannes, dont il y en avoit une more, pour ses plus grandes délices et amyes, ne faisant cas de sa femme, encores qu'elle le recherchast avec tous les honneurs, amitiés et révérences conjugales qu'elle pouvoit; mais il ne la pouvoit jamais voir de bon œil ny embrasser de bon cœur, et de cent nuicts il ne lui en départoit pas deux. Qu'eust-elle fait la pauvrette là-dessus, après tant d'indignitez, sinon de faire ce qu'elle fit, de

De l'amour sous toutes ses formes

C'EST UNE CONCEPTION très variée de l'amour qu'offre ce *Cahier*. S'y trouvent mêlées à la fois les illustrations les plus crues et d'autres d'une candeur penchant vers le simple badinage. Six planches extrêmement osées entrecoupent une historiette ingénieusement agrémentée d'une trentaine de vignettes où Cupidon remplace soudainement le « goupillon » (pour reprendre un terme courant du vocabulaire libertin). De même, le texte s'ouvre sous le sous-titre explicite de « Joies secrètes », mais l'achevé d'imprimer est en forme assez réussie d'un cœur candide ou... décalé.
Le tout aurait été édité clandestinement en 1944 selon les apparences, mais le tribunal correctionnel de la Seine ne l'a condamné qu'en 1950. « Philippe de B... », l'auteur présumé, s'est bien dissimulé. Il semble dès lors étrange que le nom du dessinateur figure en apparence sans mystère. La signature du fameux « Hand » se retrouve même en 1942 sur un autre volume érotique intitulé *L'Autre chose*, signé Louis de Cerdagne et édité en Belgique. Mais sa carrière sous ce pseudonyme paraît s'être limitée à ces deux publications.
Bref, le lecteur ne sait plus bien dans quelle catégorie ranger ce *Cahier d'amour* passant d'une page à l'autre des allures de bluette pour jeunes filles au divertissement lubrique. Voilà en tout cas un bien intrigant volume, qui a enrichi la production licencieuse de son époque.

Philippe de B..., *Le Cahier d'amour*, (1944).

C'est bientôt l'heure,
Bientôt il sera là
Celui qu'un jeune corps
impatient attend avec fièvre.

Diane pose son livre et quitte le divan sur lequel paresseusement étendue...

Elle rêvait déjà bien plus qu'elle ne lisait.

Diane à son tour mène le jeu.

Maintenant ce sont ses mains qui parcourent le corps de François.

Ses lèvres qui se collent sur ses seins.

Une main légère
passe sur le ventre musclé
aérienne... frôleuse...
ainsi qu'une araignée.

Le bout des ongles effilés raye doucement la peau des cuisses avant que la petite main ne vienne enserrer le sexe triomphant

que les lèvres...
abandonnant le corps
engainent amoureusement.

D'un doigt un peu mouillé...
elle pénètre François.

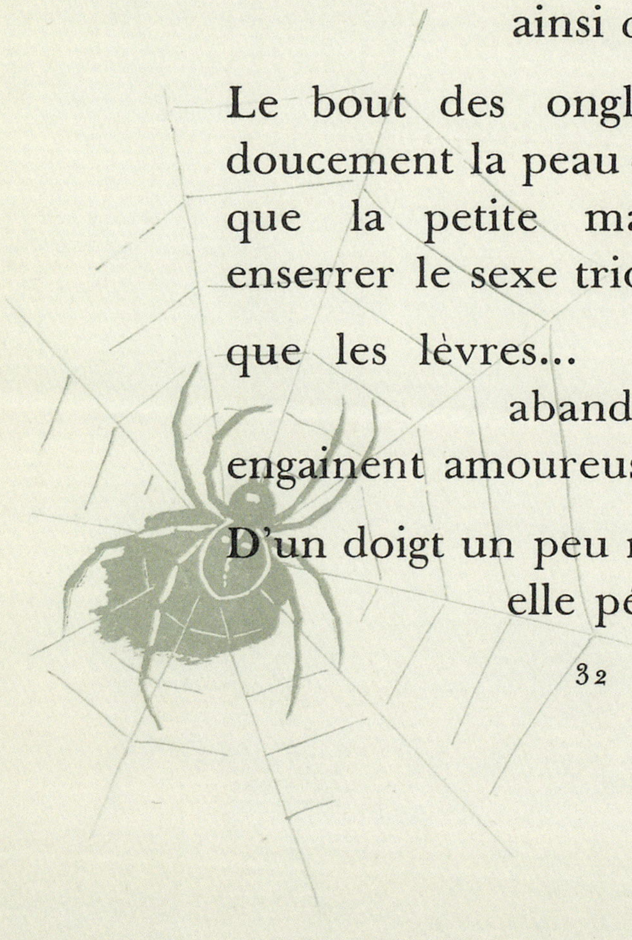

afin
que je puisse vous
souhaiter autant de bonheur
et de joie, quand vous ferez
l'amour, qu'en ont connus
ce couple dont je vous ai conté
les tendres ébats...
et que vous avez peut être déjà
rencontré dans les rues de Paris.

ACHEVÉ D'IMPRIMER

IL A
ÉTÉ TIRÉ
DE CE LIVRE « LE CAHIER
D'AMOUR » LE PREMIER DE LA COLLECTION
« LES JOIES SECRÈTES »
ILLUSTRÉ DE 24 IN-TEXTE ET 6 HORS-TEXTE ORIGINAUX
EN COULEURS DE HAND, 1053 EXEMPLAIRES. SON TIRAGE,
LIMITÉ A CE CHIFFRE, COMPORTE TROIS EXEMPLAIRES
CONTENANT CHACUN 2 DESSINS ORIGINAUX EN
COULEURS, 8 CROQUIS DES IN-TEXTES, LES ESSAIS,
BONS A TIRER, DÉNOMMÉS EXEMPLAIRES
HORS COMMERCE NUMÉROTÉS A, B, C, MILLE
EXEMPLAIRES SUR VÉLIN DE RIVES, NUMÉROTÉS
DE 1 A 1000, CINQUANTE EXEMPLAIRES RÉSERVÉS
A L'AUTEUR, L'ARTISTE ET LEURS AMIS,
NUMÉROTÉS DE I A L. CET OUVRAGE
A ÉTÉ ACHEVÉ D'IMPRIMER
EN JUILLET MIL NEUF CENT
QUARANTE-QUATRE,
SUR LES PRESSES
D'UN AR-
TISAN
PARI-
SIEN
.

EXEMPLAIRE N° 598

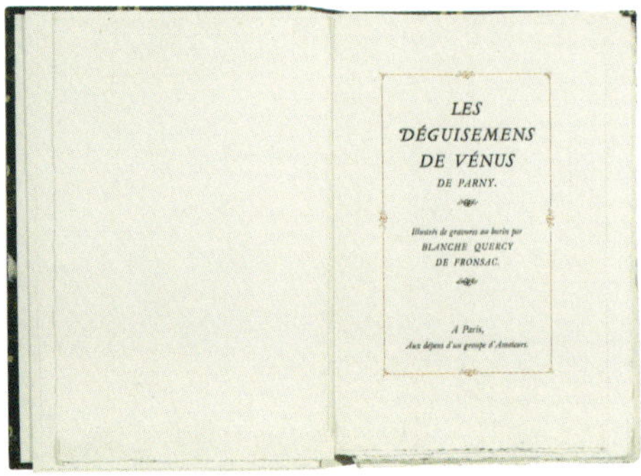

Le climat torride des îles

PARNY SE REND CÉLÈBRE grâce à ses *Poésies érotiques*, qui restent un des best-sellers de la littérature leste. Maintes fois republiées sous divers titres, elles rivalisent, au rang des éditions pirates et clandestines avec sa *Guerre des dieux*. Ses origines ne se prêtent guère à un tel succès, auprès des juges comme des amateurs de vers coquins. Évariste Parny est né en 1753 d'une famille berrichonne installée... à la Réunion, alors appelée île Bourbon. Rentré en métropole pour y devenir militaire, il se lie avec deux autres jeunes gens en uniforme originaires comme lui des îles – Antoine Bertin vient également de l'île Bourbon, tandis que Nicolas-Germain Léonard a grandi en Guadeloupe – et qui versent ensuite dans... la poésie.
En 1773, il retourne dans l'océan Indien à la demande de son père. Sur les lieux de son enfance, il vit un amour passionné avec la jeune Esther Lelièvre. La famille s'oppose au mariage. Et notre versificateur transi mais dépité retourne à Paris pour y rédiger ses *Poésies érotiques*, dans lesquelles Esther prend le nom d'Éléonore. Le revoilà militaire, puis à nouveau en 1783 à l'île Bourbon, son père venant de décéder. Afin de poursuivre sa carrière d'officier, il s'embarque alors pour Pondichéry où... il écrit. Définitivement revenu en Europe, il se marie enfin en 1802, douze ans avant sa mort.
L'éloignement et les tropiques inspirent bien après d'autres auteurs érotiques. *La Vénus indienne* de Charles Devereux est traduite de l'anglais par Apollinaire et ses comparses. Quant à *Une nuit d'orgie à Saint-Pierre de la Martinique* d'Effe Géache, elle surprend agréablement par ses dialogues en... créole.

Évariste Parny, *Les Déguisements de Vénus*,
AUX DÉPENS D'UN GROUPE D'AMATEURS, 1952.

TABLEAU XII.

MYRTIS sur le fleuve rapide
Voit un esquif abandonné,
Qui, par le courant entraîné,
Vogue sans rames & sans guide.

Un mille-feuille oriental

LES CONTES DE FÉES DU XVIIIe SIÈCLE témoignent du goût naissant pour un exotisme mêlant orientalisme et érotisme. L'Asie, souvent fantasmée et imaginée de toutes pièces, se retrouve peu à peu associée au désir sexuel. Ce sont aussi l'architecture, le mobilier, les objets et les jardins qui renforcent ce tandem. Les lieux de plaisir qui émergent à Versailles et alentour en témoignent.
Le parc Balbi a été conçu en 1785 dans une dépendance du Potager du roi. S'y trouvent un pavillon destiné aux fêtes (aujourd'hui détruit), mais aussi un étang au cœur d'un jardin anglo-chinois et une grotte logée au creux d'un imposant tumulus. Tapissée de rocaille, elle comporte plusieurs pièces dissimulant des sorties dérobées, des interstices pour y glisser des chandelles. Le tout est surmonté d'une minuscule cavité où pouvait se glisser un quatuor de musiciens, dont les mélodies devaient couvrir et égayer les ébats des visiteurs. La grotte de la Balbi oscille entre la cabane féerique et l'établissement spécialisé…
La mode reprend dans les années 1880. *Le Jardin parfumé* est traduit de l'arabe en 1876. *La Fleur lascive orientale* paraît en 1882 : elle se présente comme une anthologie de « contes libres traduits du mongol, de l'arabe, du japonais, du chinois, du persan, du malay, du tamoul, etc. ». L'Orient, son érotisme et ses mystères sont encore vastes et vont susciter un engouement renouvelé. En 1883, l'Occident découvre le *Kama-sutra*. L'*Ananda Ranga*, autre manuel d'érotologie traduit du sanskrit, paraît en Europe en 1885. Dès lors, tous les textes érotiques venant d'Asie du Sud comme d'Extrême-Orient sont peu à peu

La Fleur lascive orientale, IMPRIMÉ PAR LES PRESSES DE LA BIBLIOMANIAC SOCIETY (GAY), **1882**.
J.M. Berckmann, *La Sexualité à travers le monde, la Péninsule indochinoise*, LE TRÈFLE D'OR, **1966**.

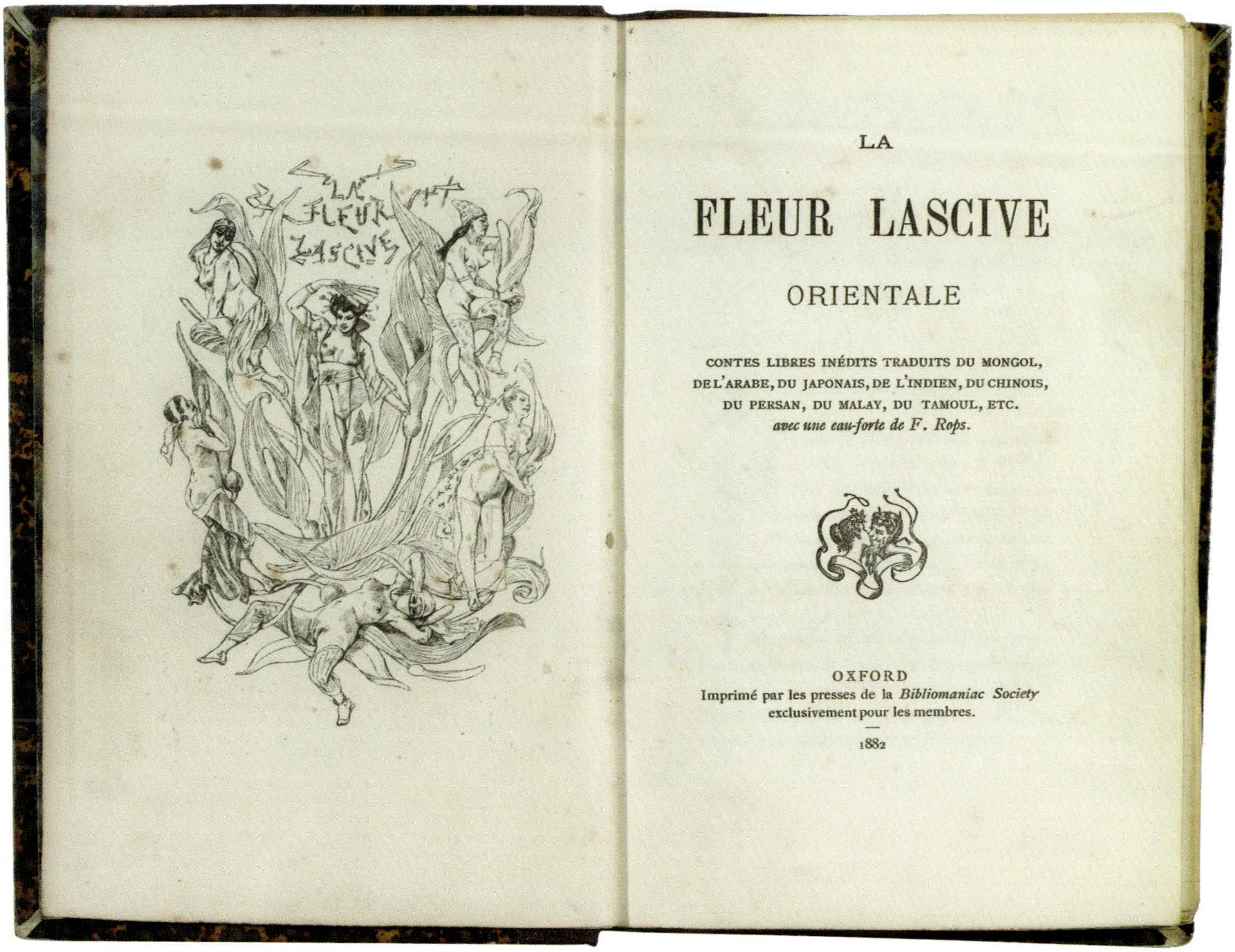

divulgués. Au XXe siècle, les *Contes d'amour des samouraïs* le disputent aux anciens récits chinois sur les dames les plus galantes.

Même après la fin de l'époque coloniale, les Français se passionnent pour l'érotisme tropical venu de l'Est. C'est ainsi que Berckmann cultive cette passion jamais assouvie en publiant ses études sur *La Sexualité à travers le monde* et en particulier *La Péninsule indochinoise*. Sa préface justifie les digressions qui suivent par « le climat » et l'absence de répression morale. Le texte sort en effet sous le label de la collection « Études et reportages »... Mais, à regarder de plus près la bibliographie de l'auteur, il s'avère que celui-ci est plus tenté par l'érotisme que par la pure recherche sur l'Orient, hormis un livre dénommé *Mon Kama-soutra*. Pour le reste, il signe des volumes sur « la sexualité américaine » ou intitulés *Ingrid et le plaisir*, *Mes folles nuits*, *Secrets nocturnes*, *Les Érocrates*, *Elisa nue*, etc.

Un pays imaginaire et une toison bien réelle

SUPPOSÉMENT SITUÉE « à Merryland », la *Forêt noire* est plus vraisemblablement parue vers 1892 à Amsterdam. La préface dénie toute intervention de l'imagination. Et pourtant il en a fallu à l'auteur anonyme de cette fantaisie géographique, où les dénivelés et la végétation du paysage le disputent à ceux du corps féminin.

Ce voyage licencieux s'inscrit dans la droite ligne d'un genre littéraire lancé avec succès dès l'Antiquité avec *L'Âne d'or* d'Apulée. S'y retrouvent déjà des contrées étrangères, des événements des plus bizarres et un érotisme débridé. Lucius croise en chemin les sorcières thessaliennes puis arrive à Hypata, où des outres de vin l'attaquent avant qu'il ne se perde dans les bras de son hôtesse. Il poursuit ses péripéties une fois changé en âne !

Au début du XVIIIe siècle, avec les voyages érotiques dignes des contes de fées, *Tanzaï et Néadarné* de Crébillon propulse le récit fantastique vers l'Orient, dont la mode parcourt aussi bien les écrivains que les explorateurs. L'ouvrage, daté de 1734, est sous-titré « Histoire japonaise », et est censé se passer chez Mangogul, roi du Congo. De même, en 1746, surgissent *Les Amours de Zeokinisul, roi des Kofirans*. La même année, l'abbé de Voisenon, dont les vers polissons remis à la Pompadour amusaient le souverain, livre *Le Sultan Misapouf*. Deux ans plus tard, Diderot donne *Les Bijoux indiscrets,* mettant en scène le sultan du Congo (décidément à la mode), Mangogul et le génie Cacufa.

En clair, à l'aune de l'inventivité des littérateurs érotiques, la *Forêt noire* et ses épisodes aux premiers abords déroutants semblent presque réalistes.

Forêt noire, À BOUTENTATIVOS, CHEZ LES VEUVES SULAMITES, AUX PETITS APPARTEMENTS DE SALOMON, L'AN DU MONDE 400, 800, 000, 500 (Amsterdam, **1892**).

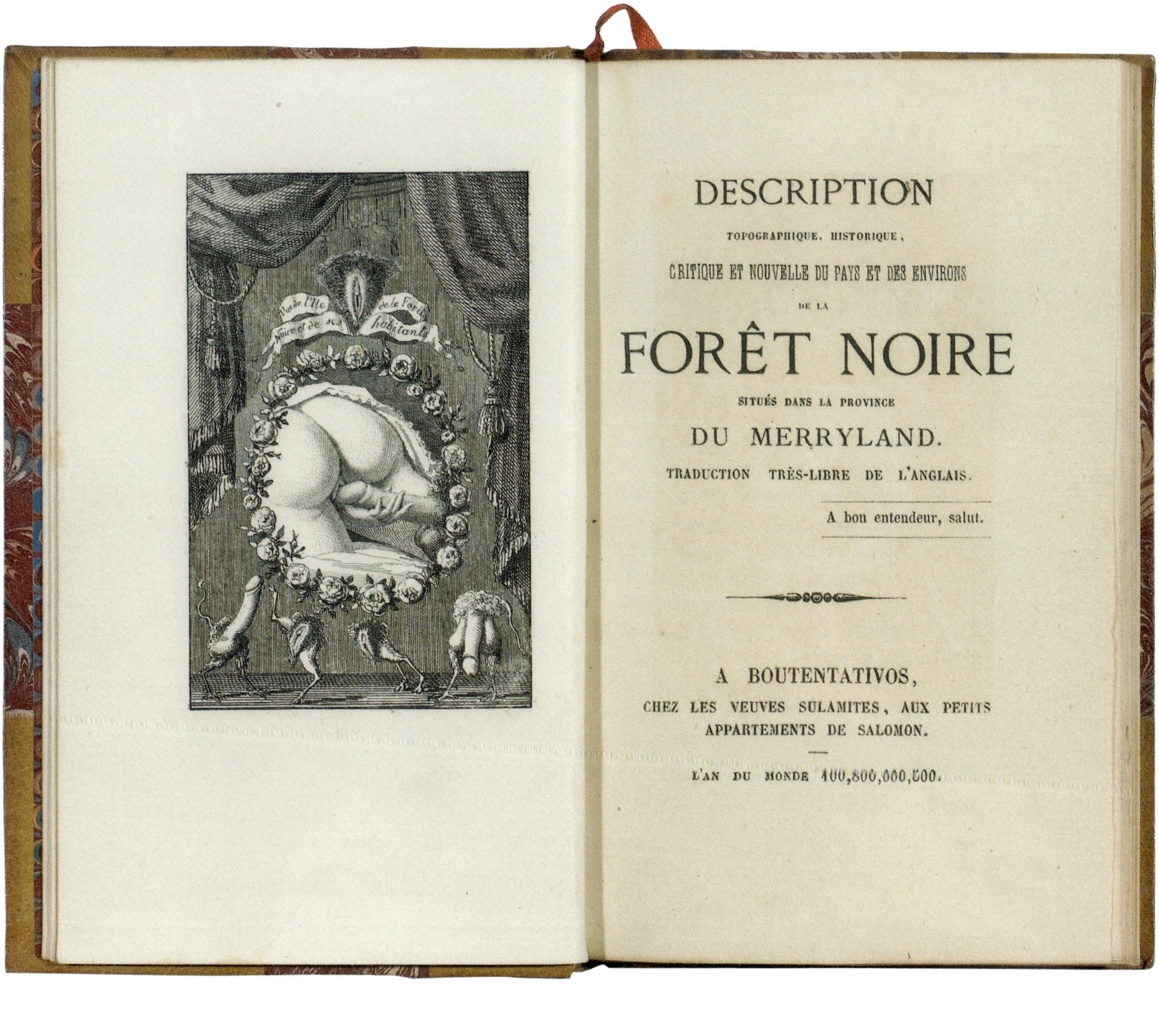
DESCRIPTION
TOPOGRAPHIQUE, HISTORIQUE,
CRITIQUE ET NOUVELLE DU PAYS ET DES ENVIRONS
DE LA
FORÊT NOIRE
SITUÉS DANS LA PROVINCE
DU MERRYLAND.
TRADUCTION TRÈS-LIBRE DE L'ANGLAIS.

A bon entendeur, salut.

A BOUTENTATIVOS,
CHEZ LES VEUVES SULAMITES, AUX PETITS
APPARTEMENTS DE SALOMON.

L'AN DU MONDE 100,800,000,000.

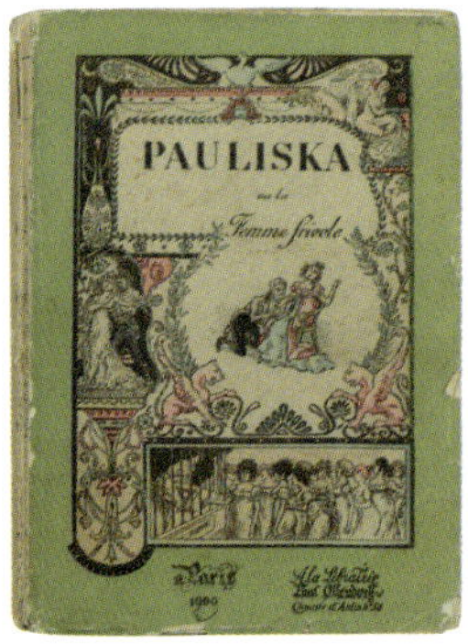

La Pologne, terre de fantasmes !

NUL NE PEUT aujourd'hui soupçonner la Pologne d'avoir été une terre de fantasmes. C'est pourtant la révélation qui tombe sous le sens à la lecture de *Pauliska.* Les aventures de cette « femme frivole » seraient nées, sans véritable certitude à propos d'une telle paternité, sous la plume de Jacques Antoine de Réveroni Saint-Cyr en l'an VI, soit à la fin du XVIIIe siècle.

L'auteur présumé, dont la production variée et abondante dans d'autres genres est connue, a un temps participé aux campagnes de Napoléon. Les conquêtes guerrières expliquent peut-être la nostalgie des prises plus charnelles, à coup sûr son goût soudain pour le voyage et la nécessité de se changer les idées en écrivant en plein bivouac.

D'où une imagination étonnante qui place *Pauliska* au sein des romans « noirs », presque de science-fiction. L'héroïne est plongée au cœur des sociétés secrètes les plus diverses, de l'association de libertins à la secte de lesbiennes, de la bande de malfaiteurs aux groupuscules politiques. Les aventures érotiques de Pauliska sont le fruit du hasard mais aussi de sa curiosité insatiable, à tel point que la formule « une femme frivole » qui complète le titre du roman a pu être remplacée par « ou la perversité moderne ».

Son périple est si imagé qu'il a parfois fallu aux éditeurs aménager des illustrations dépliantes permettant de faire soudainement se déployer les multitudes qu'elle croise. C'est dire si la Pologne de Pauliska affiche une température insoutenable.

(Jacques Antoine de Réveroni Saint-Cyr), *Pauliska ou la Femme frivole,* OLLENDORFF, 1900.

M. Radiguet del.

M. Radiguet del.

BIBLIOTHÈQUE GALANTE

PAULISKA

OU

La Femme Frivole

ILLUSTRATIONS DE RADIGUET

à Paris

LIBRAIRIE OLLENDORFF

Chaussée d'Antin, 50

1900

À l'Est, du nouveau

COMME SON SOUS-TITRE l'indique, *La Prusse galante* est supposée narrer les aventures amoureuses d'un jeune homme parti de Paris pour gagner Berlin. L'ouvrage est censé avoir été édité à Coïtopolis... mais aussi « se trouve à Berlin et à Paris, chez les marchands de nouveautés ». Pour achever de mêler le vrai au faux et l'Est à l'Ouest, ce récit publié en pleins troubles entre la France révolutionnaire et les royaumes et empires notamment situés à son orient est présenté comme traduit de l'allemand, même s'il relate le voyage d'un Français...
Ce qui est certain, c'est que l'érotisme le plus brûlant a toujours tenu une place non négligeable bien au froid, de la Prusse à la Russie. La collection de meubles érotiques de Catherine II de Russie compte pour beaucoup dans cette réputation que se murmurent les initiés : y domine une étonnante table aux pieds en forme de pénis en érection ! Même, après la chute des tsars, la version russe de l'Enfer des bibliothèques les plus occidentales survit, rebaptisée Leninka (c'est-à-dire peu ou prou « bibliothèque de Lénine »). Constitué à partir de 1924, ce pêle-mêle de quelque douze mille pièces brasse les écrits politiques séditieux (de Soljenitsyne à Simone de Beauvoir !), une partie de la bibliothèque des Romanov, un « Que sais-je ? » sur le roman d'espionnage et autres sujets délicats, nombre de volumes et de planches de cartographie. Et, bien évidemment, une section érotique. Un inventaire à la Perec à l'état pur, autorisé aux seuls apparatchiks et services spéciaux, libres d'y choisir des lectures distrayantes pour les vacances dans leur datcha au bord de la mer Noire.
Plus près – géographiquement – de nous, Enver Hodja, « l'Aigle albanais », aurait possédé un Enfer personnel du même calibre. Les flammes de la concupiscence réchauffent partout sur le globe et suscitent autant d'enthousiasme que de réprobation.

La Prusse galante ou Voyage d'un jeune Français à Berlin, COÏTOPOLIS, **1801**.

C... *Voila pour votre bonne volonté,*
Voila pour votre mauvaise besogne.

LA PRUSSE GALANTE
OU
VOYAGE
D'UN JEUNE FRANÇAIS
A BERLIN.
TRADUIT DE L'ALLEMAND,
Par le Docteur AKERLINO.

Les passions ont un degré d'énergie dans l'homme, où rien ne peut les captiver.

A COÏTOPOLIS.
Et se trouve à Berlin et à Paris, chez les marchands de Nouveautés.

AN 1801.

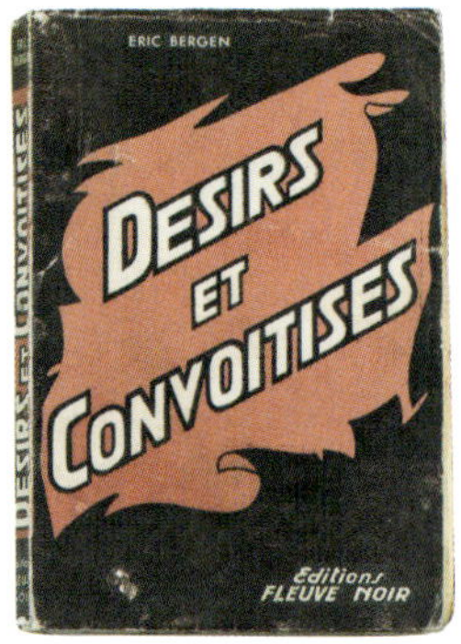

OSS 117
s'enflamme un peu vite

Le Fleuve noir est fondé en 1949 par Armand de Caro et Guy Krill. Les deux comparses visent délibérément le marché du livre populaire et lancent la collection « Spécial police ». Ils poursuivent avec l'espionnage l'année suivante, puis juste après en s'attaquant à l'anticipation. La maison est rachetée en 1962 par les Presses de la Cité, ellesmêmes absorbées plus tard par Havas, avant de se fondre dans Vivendi, etc. Dès 1950, c'est surtout la sortie du premier San Antonio qui marquera l'histoire de la marque.
Mais les exégètes officiels oublient souvent que la tentation a pris un temps – assez court mais intense – nos trublions avides de conquérir le plus large public également grâce aux livres coquins.
Pour cela, les auteurs les plus prolifiques sont mis à contribution. C'est le cas de Jean Bruce, le père d'OSS 117, pour la collection baptisée « Noire et rouge – la Flamme », dont la maquette de couverture reste immuablement ornée de... flammes supposées suggestives. Les titres le sont un peu plus. Sous le pseudonyme de Joyce Lindsay, Bruce signe quatre romans incandescents : *Le Piège à femmes*, *Tout, mais pas ça !*, *Le Vice dans la peau* et *Chair brûlante*. En parallèle, il utilise le nom de Jean-Martin Rouan pour livrer *Tentations*. Les mêmes titres sont découpés en feuilletons, en sus de quelques autres polissonneries du même auteur, dans deux revues érotiques de l'époque intitulées chastement *Stars et vedettes* et *Paris-Hollywood* !

Eric Bergen, *Désirs et convoitises*, Fleuve noir, 1950.
(Jean Bruce) Joyce Lindsay, *Chair brûlante*, Fleuve noir, 1950.

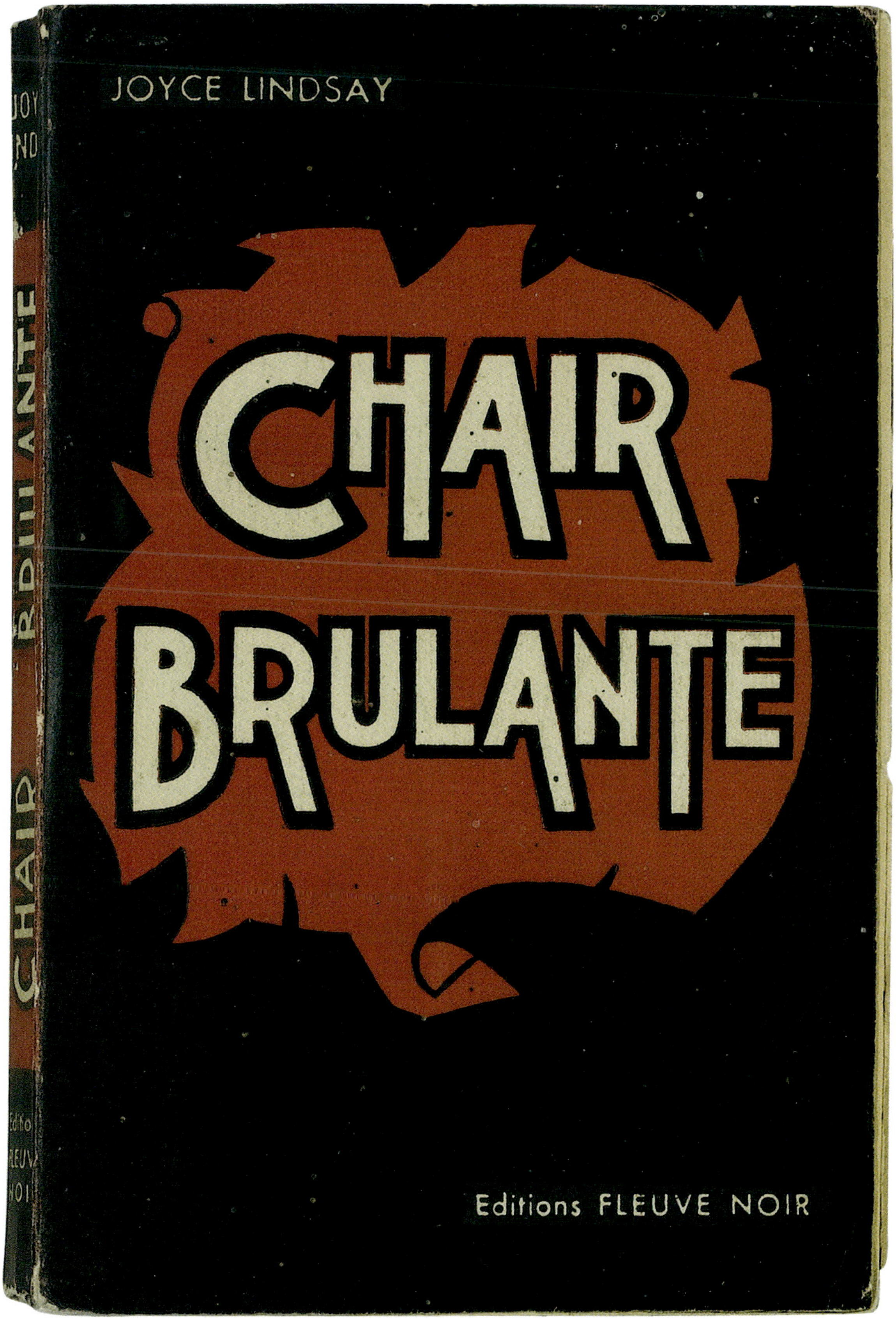
JOYCE LINDSAY
CHAIR
BRULANTE
Editions FLEUVE NOIR

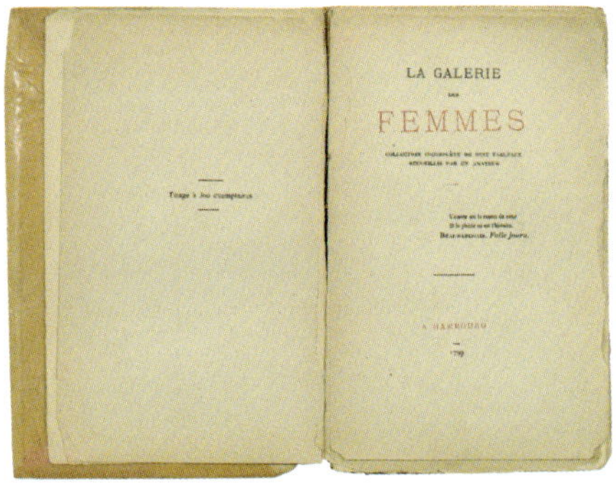

L'auteur s'embourgeoise

VOICI ENCORE un auteur qui, à la différence des pornographes invétérés, regrette ses écrits publiés à l'âge de 35 ans. De Jouy livre en effet anonymement ce recueil de nouvelles, mais son nom est vite accolé à cette *Galerie de femmes.*

Il s'agit de « huit tableaux » où l'innocence première se mêle à une certaine crudité. C'est ainsi que le charmant Sarguines apprend à nager à la jeune Adèle. Lorsque son camarade fait la planche, son membre soudain turgescent épouvante Adèle, qui pense voir surgir… un serpent. Elle découvre vite qu'il n'en est rien et, après quelques caresses intimes, les cris qu'il lui arrache sont de jouissance et non d'effroi. Succèdent à cet épisode les aventures d'un trio féminin aimant à se fouetter l'intimité de tiges épineuses de rosier ; ou encore Deidamie, qui, elle, se pique… de culture et n'accepte de faire l'amour qu'au cœur des pages d'un ouvrage de très grand format !

Le facétieux Apollinaire se penche, bien après l'édition originale, sur l'étonnante *Galerie des femmes*, en accompagnant une republication dans sa collection du « Coffret du bibliophile » d'une courte étude sur son auteur. Car celui-ci se met assez vite en tête, malgré une œuvre officielle qui ne mérite que l'oubli, d'entrer à l'Académie. Il rachète presque tous les exemplaires au terme d'une longue quête, et peut avec succès effacer cette faute de jeunesse pour troquer l'habit rose du libertin contre le vert de l'immortel.

Victor-Joseph-Étienne de Jouy, *La Galerie des femmes*, HAMBOURG, 1799
(AUGUSTE BRANCART, 1880).

L'œuvre frénétique de Louis Charles Royer

LOUIS CHARLES ROYER compte au rang de ces « petits » (et parfois grands) auteurs dont l'œuvre entière témoigne d'un goût sans fin et quasi exclusif pour la polygraphie et la pornographie.
À ce titre, il s'inscrit dans la lignée de Rétif de La Bretonne, le très prolifique père de l'*Anti-Justine*, de Le Nismois, aux pseudonymes innombrables, ou encore du docteur Roland Gagey, obsédé notamment par *Le Visage sexuel de l'Inquisition !*
Royer reste en particulier le géniteur d'un ouvrage oscillant entre érotisme et cocasserie : *Au pays des hommes nus* est supposé faire découvrir l'Allemagne naturiste de l'entre-deux-guerres, avec force photographies d'adultes dénudés jouant à la balançoire ou pratiquant audacieusement des pointes sans même un chausson de danse.
Il s'attaque ensuite – et entre autres ! – à *La Maîtresse noire* ou préface, en 1937, *Puberté, journal d'une écolière*, dont l'auteur demeure mystérieusement caché...
Mais c'est après guerre que Royer prouve sa capacité à s'adapter au marché des curiosités de librairie, en se lançant dans une interminable série de romans aux titres aussi rocambolesques que les couvertures sont aguicheuses. La postérité des rayons spécialisés retiendra surtout, en sus de *La Nymphe du Gévaudan*, *La Fiancée de Heidelberg*, *L'Amour au soleil*, *Nuit chaude à Naples* ou *La Vierge folle*.

Louis Charles Royer, *La Nymphe du Gévaudan*, RABELAIS, **1966**.

Louis Charles ROYER
La NYMPHE
du Gévaudan
EDITIONS RABELAI

La censure joue contre elle-même !

La qualité principale des censeurs tient à leur obsession, ce qui est l'un des nombreux traits de caractère qu'ils ont en commun avec les auteurs qu'ils pourchassent. Les plus grands pourfendeurs de la littérature érotique ont toujours développé un goût très particulier pour la bibliographie. Dès 1546, Charles Quint fait dresser par l'université de Louvain le premier *Catalogue des livres dangereux*. Pie IV, quant à lui, publie la *Liste des livres défendus*. Les *Index librorum prohibitorum* deviennent en eux-mêmes un type d'ouvrages recherchés... des collectionneurs de livres érotiques.

Car le propre de ces recensions est de reproduire *ad libitum* les intitulés les plus audacieux. Quelques pages du catalogue des livres de l'Enfer de la Bibliothèque nationale en témoignent : se succèdent *Orgie soldatesque ou la Messaline moderne*, *Orgies à bord d'un yacht*, *Les Orgies de Bianca la belle voluptueuse*, *Orgies de jeunesse*, *Les Orgies d'une fille d'amour*, *L'Origine des cons sauvages*, etc.

Pascal Pia avait relevé, en préface à son célèbre volume bibliographique intitulé *Les Livres de l'Enfer* : « Qu'il y ait un Enfer des imprimés, cela donne presque à rêver, même à qui ne lit jamais. Le feu est l'un des éléments de la mythologie du livre. Le calife Omar passe pour avoir fait incendier ce qui restait de la bibliothèque d'Alexandrie après les ravages qu'y avaient provoqués deux cent cinquante ans plus tôt les brandons allumés par les légionnaires romains. Durant des siècles, les écrits condamnés par un tribunal ecclésiastique ou par une cour de justice ont été brûlés, et parfois brûlés avec leur auteur ou avec un mannequin le représentant, si le coupable était en fuite. »

Qui aime bien châtie bien. Le sens de la compilation et de la litanie n'est souvent que le reflet du trouble ou du désarroi des censeurs. Le statut du livre érotique, décrit par le menu, conservé mais interdit, est révélateur des rapports troublés qu'entretiennent la loi et la sexualité. L'édition originale de *Sexus*, le célèbre livre d'Henry Miller, sort ainsi en France « caviardée » tout du long, au point que son texte, même amputé, en reste diablement excitant.

Henry Miller, *Sexus*, Éditions de la Terre de Feu, 1949.
Index librorum prohibitorum, Rome, 1758.

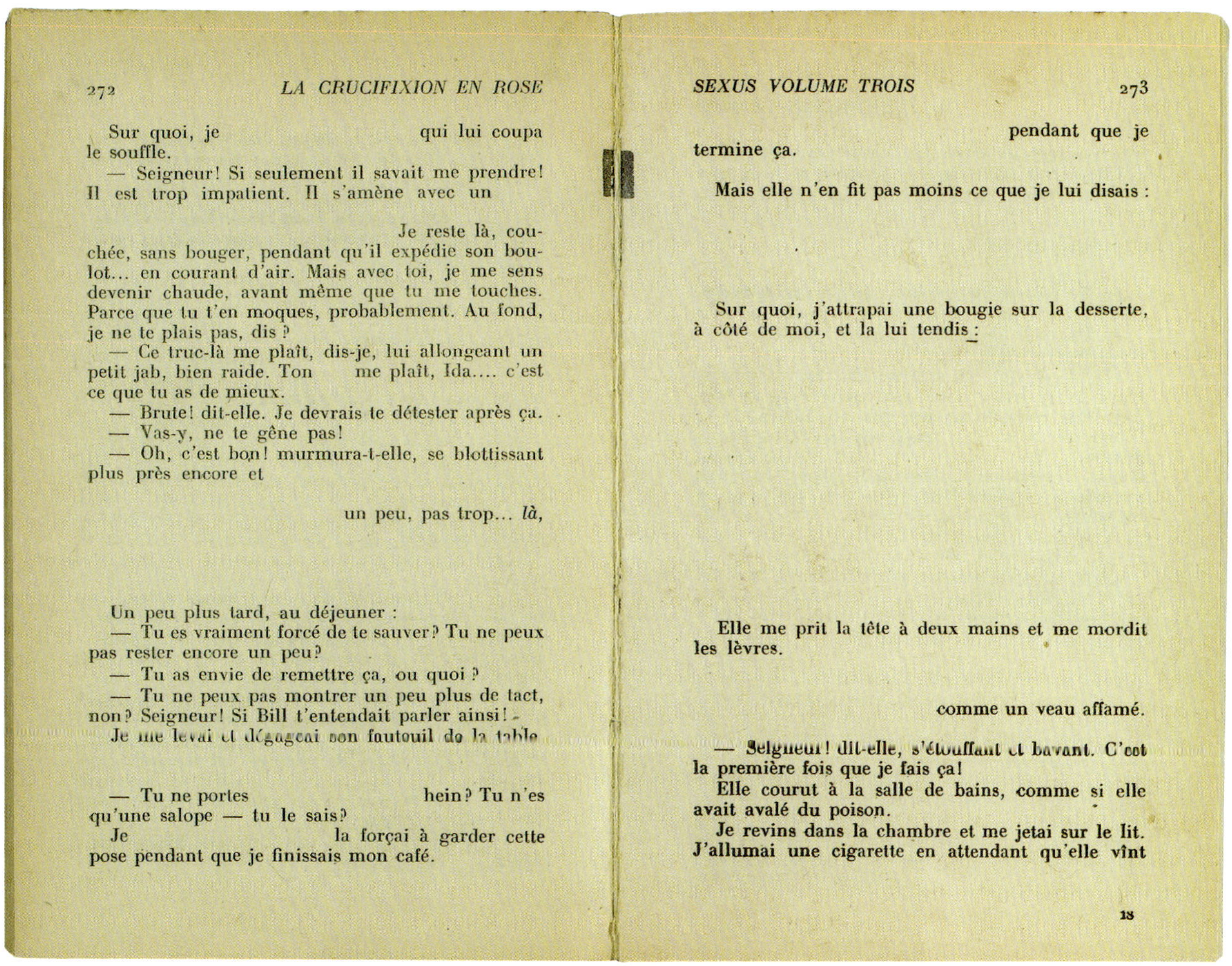

Sur quoi, je qui lui coupa le souffle.

— Seigneur! Si seulement il savait me prendre! Il est trop impatient. Il s'amène avec un

Je reste là, couchée, sans bouger, pendant qu'il expédie son boulot... en courant d'air. Mais avec toi, je me sens devenir chaude, avant même que tu me touches. Parce que tu t'en moques, probablement. Au fond, je ne te plais pas, dis ?

— Ce truc-là me plaît, dis-je, lui allongeant un petit jab, bien raide. Ton me plaît, Ida.... c'est ce que tu as de mieux.

— Brute! dit-elle. Je devrais te détester après ça.

— Vas-y, ne te gêne pas!

— Oh, c'est bon! murmura-t-elle, se blottissant plus près encore et

un peu, pas trop... *là,*

Un peu plus tard, au déjeuner :

— Tu es vraiment forcé de te sauver? Tu ne peux pas rester encore un peu?

— Tu as envie de remettre ça, ou quoi ?

— Tu ne peux pas montrer un peu plus de tact, non? Seigneur! Si Bill t'entendait parler ainsi!

Je me levai et dégageai son fauteuil de la table

— Tu ne portes hein? Tu n'es qu'une salope — tu le sais?

Je la forçai à garder cette pose pendant que je finissais mon café.

pendant que je termine ça.

Mais elle n'en fit pas moins ce que je lui disais :

Sur quoi, j'attrapai une bougie sur la desserte, à côté de moi, et la lui tendis :

Elle me prit la tête à deux mains et me mordit les lèvres.

comme un veau affamé.

— Seigneur! dit-elle, s'étouffant et bavant. C'est la première fois que je fais ça!

Elle courut à la salle de bains, comme si elle avait avalé du poison.

Je revins dans la chambre et me jetai sur le lit. J'allumai une cigarette en attendant qu'elle vînt

INDEX LIBRORUM PROHIBITORUM

SSmi D. N.

BENEDICTI XIV.

PONTIFICIS MAXIMI

JUSSU

Recognitus, atque editus.

ROMÆ M. DCC. LVIII.
Ex Typographia Reverendæ Cameræ Apoſtolicæ.

I. A. Faldoni inc.

De l'art de la truffe

Les bibliophiles aiment parfois ajouter quelque pièce rare au volume qu'ils ont chèrement acquis ou qu'ils vénèrent. Cette technique consistant à enjoliver un ouvrage par un précieux greffon est désignée comme l'art de « truffer ».

Il est ainsi d'usage de relier une lettre autographe collectée par ailleurs mais en rapport avec un livre. Les bibliothèques recèlent aussi de forts romans auxquels ont été « soudés » des opuscules du même auteur.

Le collectionneur de livres érotiques possède bien d'autres ressources dans son habileté à truffer. C'est ainsi que le premier propriétaire d'un exemplaire de *Prostituées mondaines* a contrecollé en frontispice de son exemplaire une photographie qu'il devait estimer en rapport avec une scène du texte. Gageons qu'il s'agit de celle qui l'a le plus ému...

Il aurait également pu truffer cette aventure assez ébouriffante d'un autre roman du même auteur, s'il avait su que sous le pseudonyme de Caïn d'Abel (!) se cachait Alphonse Momas, dit aussi Le Nismois, considéré comme un des plus prolifiques écrivains du genre.

Certains amateurs ont poussé le vice jusqu'à forger des reliures suffisamment larges afin d'y glisser à la fois un morceau du manuscrit ainsi que les planches originales ; ou encore une seconde édition du même livre, à tel point que, parfois, les rayonnages s'accommodent mal de ces monstres impossibles à manipuler pour la lecture.

Quant à *Mlle de Mustelle et ses amies*, que Pierre Mac Orlan livra en 1912 sous le nom de Pierre du Bourdel, ce classique a eu les honneurs d'une simple aquarelle particulièrement réussie. Et destinée à égayer une fiction certes affriolante, mais éditée sans doute trop sobrement !

Mac Orlan, *Mlle de Mustelle et ses amies*, Québec, Sweetgra's, 1913.

Le retour de la fessée

LE DÉBUT DU XXe siècle s'ouvre sur un nouveau courant littéraire au sein de la production érotique. La mode est à la flagellation, de la simple fessée au chat à neuf queues. Les ouvrages abondent, les sujets se répètent et les plus grands écrivains, dont Pierre Mac Orlan, s'adonnent au genre. Celui-ci s'estompera pendant l'entre-deux-guerres et le sado-masochisme prendra des formes plus sérieuses à partir des années 1950, avec *Histoire d'O* ou encore, un peu plus tard, *Emmanuelle.* Pour l'heure, ce sont aussi bien des romans que de supposées études historico-sociologiques qui gagnent les rayons des librairies : *Lise fessée* y voisine avec la volumineuse *Étude sur la flagellation à travers le monde* ou encore un essai indispensable sur *Le Fouet dans les Balkans...*
Tous sont publiés officiellement : les uns sous des prétextes scientifiques, les autres grâce à la mise en scène de séances de fessées infligées à des lycéennes ou à des domestiques récalcitrantes, présentées comme d'usage courant. Les éditeurs sont cependant parfois rattrapés par la censure. D'autant qu'ils sont en général abonnés à une ligne littéraire bien précise et abondante. Jean Fort, par exemple, neveu de l'éditeur d'ouvrages libertins Pierre Fort, se lance vers 1907 dans la publication de la collection à succès « Les orties blanches ». Il succède sur ce marché à Charles Carrington, né Paul Harry Ferdinando à Londres, dans une famille portugaise. Celui-ci fixe se à Paris vers 1895, après avoir fait ses premières armes à Bruxelles et à Amsterdam, hauts lieux des publications érotiques. Notre homme est expulsé vers la Belgique avant de revenir en France, où il meurt à l'asile, aveugle et atteint de la syphilis. L'un de ces séditieux, Henri Daragon, pousse le vice jusqu'à commercialiser en 1912 un *Premier Essai de bibliographie sur la flagellation*, recensant les ouvrages français et anglais sur un sujet dont il est un des principaux fournisseurs...

Armand du Loup, *La Volupté du fouet,* PRIMA, **1938**.
Liane Delorys, *Joujou ou les Libertinages du travesti,* AUX GALANTS PASSE-TEMPS, **1936**.
René-Michel Desergy, *Trente Ans,* ORTIES BLANCHES, **1931**.
Jean Claqueret, *Clotilde et quelques autres,* ORTIES BLANCHES, **1935**.

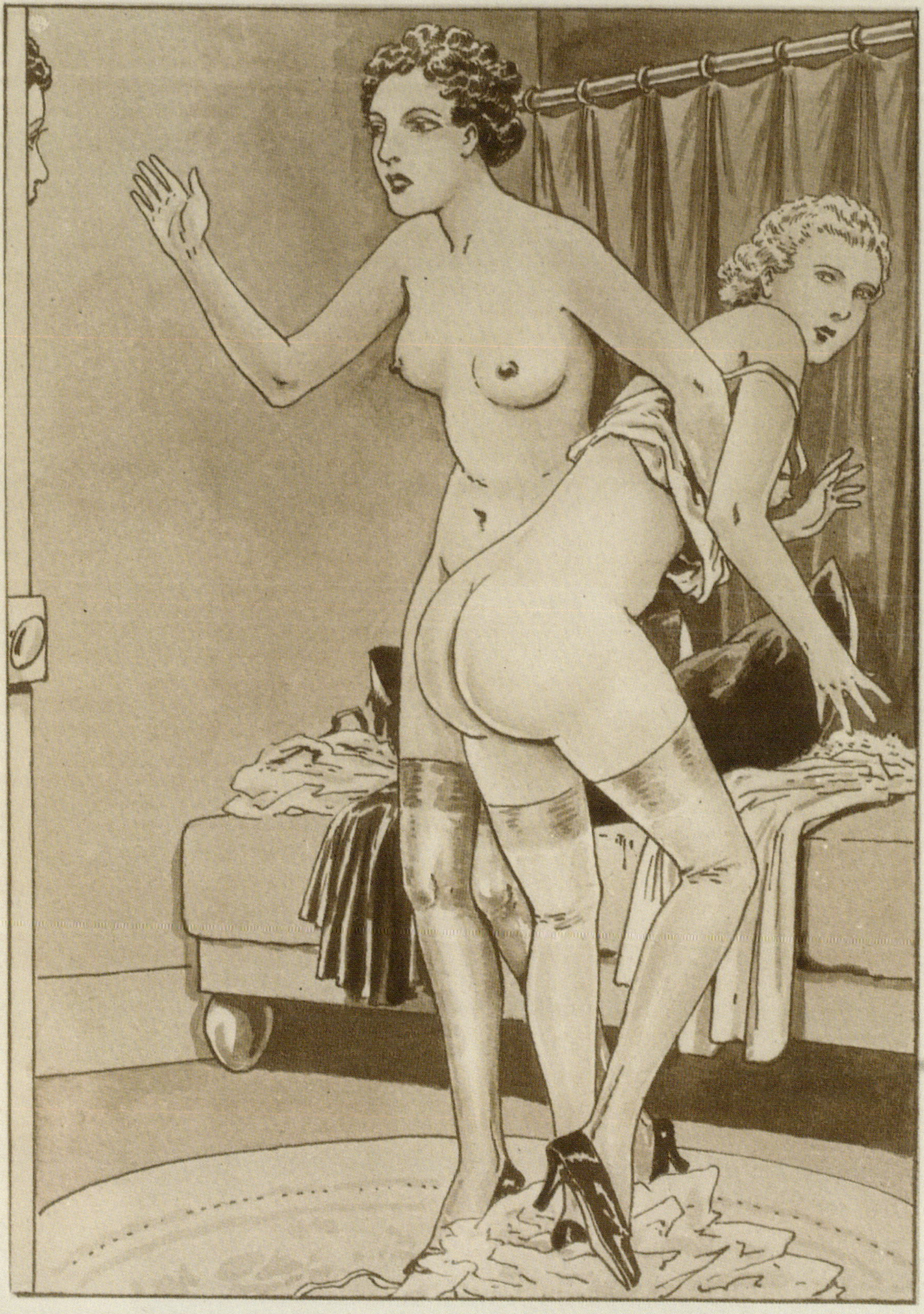

DAGY

DAGY

Des effets de l'uniforme

L'UNIFORME A LUI AUSSI DES VERTUS que seule la libido sait apprécier. D'ordinaire (!), la soutane et le pompon du matelot dominent le genre. Mais rien d'étonnant à ce que d'autres costumes, plus ou moins guerriers, soient si souvent au cœur des textes érotiques.

Ce très étrange *Billy*, qui narre de multiples « idylles d'amours grecques en Angleterre », n'échappe pas à la règle. Les épaulettes et les boutons dorés y sont sublimés, qu'il s'agisse de la tenue du héros, curieusement habillé en groom, ou de celle des militaires qu'il rencontre. Les aventures de Billy sont d'autant plus étonnantes que son homosexualité est affichée sans retenue, alors que l'ouvrage paraît en 1938, à une époque peu favorable, avec une véritable mention d'éditeur et une préface de Pierre Albert-Birot, écrivain ami de Guillaume Apollinaire. Plus étrange encore, l'intrigue est entrecoupée de chants parfois assez inattendus au sein d'un texte si explicite.

Un des sommets du culte de l'uniforme reste sans doute *Orgie soldatesque ou la Messaline moderne*, paru clandestinement en 1893 « à Paris, au Champ-de-Mars »... C'est le récit autobiographique d'une jeune femme plus ou moins violée, car toujours consentante, par une compagnie de guerriers tout entière. La mère de l'héroïne leur ouvre en effet le lit de sa fille pour la détourner à jamais de son goût insatiable pour les hommes. Les scènes de débauche inouïe ne trouvent guère leur équivalent dans la littérature érotique. D'un ton souvent très cru, la *Messaline* ne manque cependant ni d'humour ni de style. L'auteur de cette orgie est, cette fois, prudemment demeuré inconnu, tout comme son éditeur.

Jean d'Essac, *Billy, idylles d'amours grecques en Angleterre*, VALÈRE, 1938.

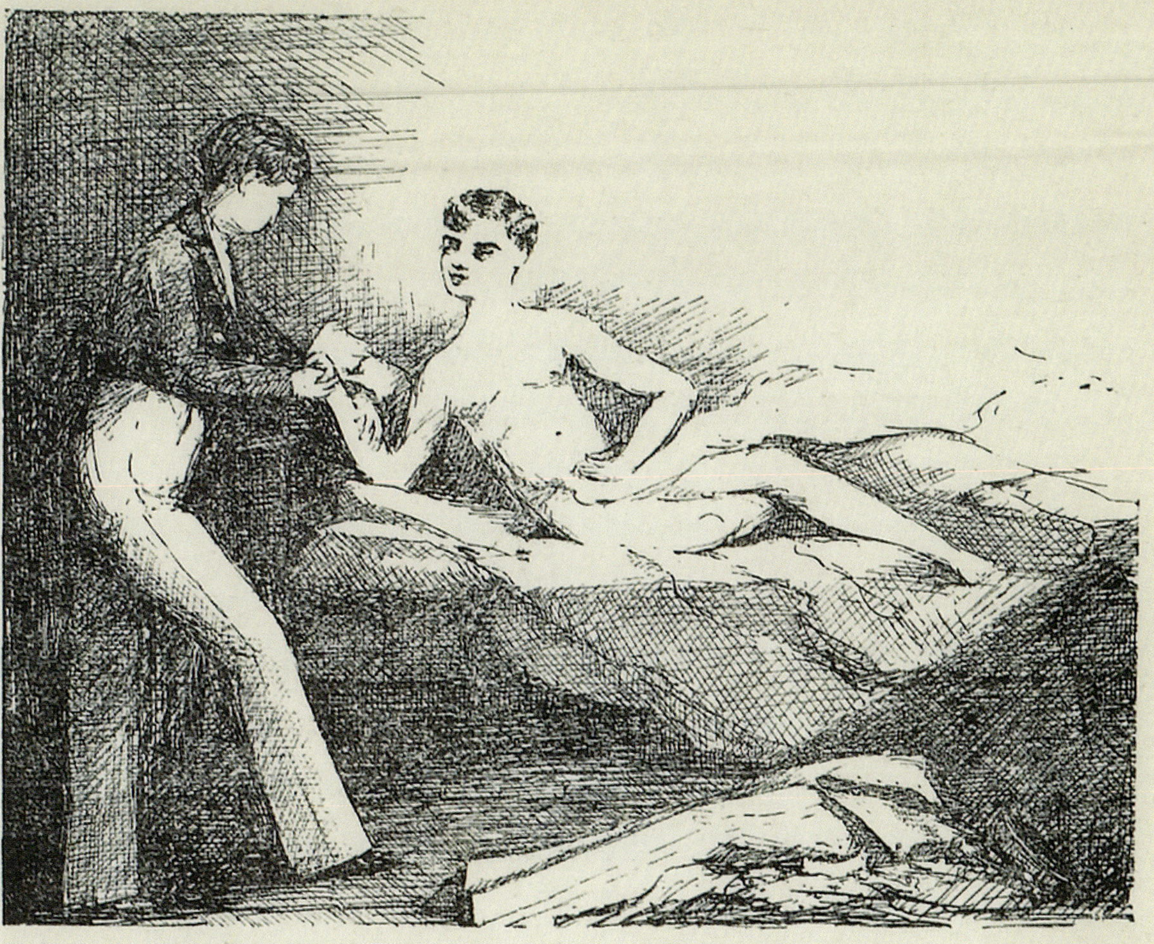

moi sous les draps parfumés.

« Oh..... tu sais, dit-il, je ne sais pas ce que je deviens..... mais *Billy*..... *Billy* ne comprend plus rien. *Billy* devient fou..... *Billy* est ivre..... non..... *Billy aime*.....

— Je veux, Mignon, dis-je, que tu aies tout ce qu'il y a de meilleur en moi!

De toutes mes forces, le saisissant par les reins, je lui fais faire un demi-tour

Un marin peut toujours servir

Le marin est devenu au fil du XXe siècle une figure récurrente de l'univers érotique fantasmé. Il n'est pas surprenant qu'il tienne une place importante dans la littérature licencieuse comme dans les illustrations qui l'accompagnent.

Cocteau et Pas-de-Chance en sont les précurseurs avec *Le Livre blanc.* Mais Genet a sublimé cette dramaturgie particulière dans *Querelle de Brest*, illustré par… Cocteau. Jean Boullet a également versé dans le portrait de marin à connotation sexuelle. Né en 1921, Boullet se fait d'abord connaître en illustrant de nombreux livres, dessinant des garçons dans un style qui rappelle celui de… Cocteau ! Il publie notamment un recueil de ses croquis intitulé *Les Beaux Gars* en 1951, ou donne vie aux *Corps interdits* de Maurice Périsset en 1954.

Curieux de toutes les bizarreries, des monstres à l'illusionnisme en passant par la bande dessinée, le tatouage, les mandragores et les mythes populaires, Jean Boullet a aussi incarné le libraire hors norme : habillé de cuir noir, fréquentant Saint-Germain-des-Prés, il a vécu au grand jour son homosexualité et son intérêt pour les sexualités. Il a ainsi écrit un *Symbolisme sexuel* en 1961 pour la « Bibliothèque d'érotologie » de Jean-Jacques Pauvert et a participé, chez le même éditeur, au *Dictionnaire de la sexologie.*

Pull rayé et pompon rouge sont désormais inscrits au rang des uniformes codés du répertoire des imaginaires érotiques. Sans pour autant que le genre soit réservé aux hommes qui aiment les hommes. *Matelots* de l'artiste Gregorio Prieto joue de ses lecteurs comme de ses lectrices : ses marins fraient avec des femmes. Ils s'offrent à la fois à la clientèle gay et aux dames friandes d'embruns et de biceps autrement plus intéressants que ceux de Popeye !

Les photographes Pierre et Gilles, un styliste tel que Jean-Paul Gaultier l'ont bien compris : le marin est aujourd'hui, par essence, un être célibataire, un partenaire sans attache, donc un objet de fantasmes pour tous.

Gregorio Prieto, *Matelots*, GLM, 1935.

GREGORIO Prieto.

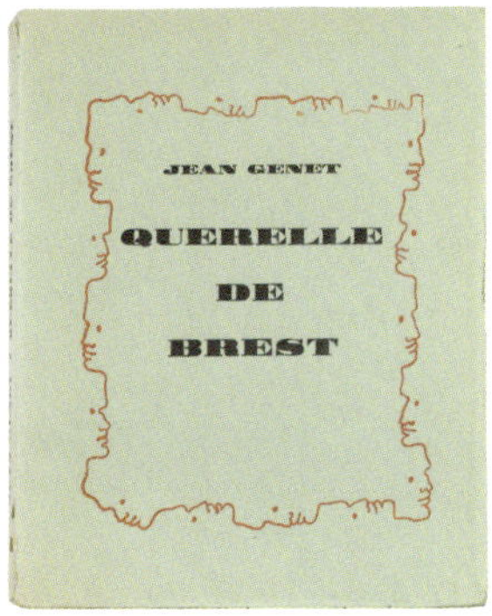

Du mécénat en érotisme

IL EST DE GRANDS LIVRES érotiques qui n'auraient sans doute pu voir le jour sans l'aide d'amateurs jouant le rôle de mécènes, en payant les éditions clandestines comme en subvenant aux besoins des écrivains.

Jacques Guérin compte au nombre des plus étonnants de ces personnages de l'ombre. Né en 1902, il dirige à 34 ans les parfums Orsay. Il rencontre Genet par l'intermédiaire de Roland Saucier, directeur de la librairie Gallimard, qui œuvre beaucoup à la diffusion des écrits clandestins.

Genet vend à Guérin en 1947 le manuscrit de *Querelle de Brest.* L'écrivain dédie le volume à son protecteur. Le roman sort la même année, sous le manteau, avec des illustrations de Cocteau, à qui il était originellement dédié... Cette édition est longtemps restée la seule complète puisque la maison Gallimard, qui en reprendra par la suite la publication officielle, en expurgera les passages les plus « sensibles ».

Après une rencontre organisée par Genet, Guérin accorde également son aide, notamment financière, à Violette Leduc, dont les écrits lesbiens ne trouvent pas preneur par la voie officielle.

Les deux écrivains ont, tour à tour, table ouverte dans l'appartement de Guérin, constitué de six cents mètres carrés dominant le parc Monceau.

Jacques Guérin a dispersé son immense et richissime bibliothèque peu avant sa mort. Nul n'a été véritablement surpris d'y trouver l'édition originale de *La Recherche du temps perdu*, qu'il avait fait relier dans les robes haute couture de sa défunte mère.

Jean Genet, *Querelle de Brest,* (1947).

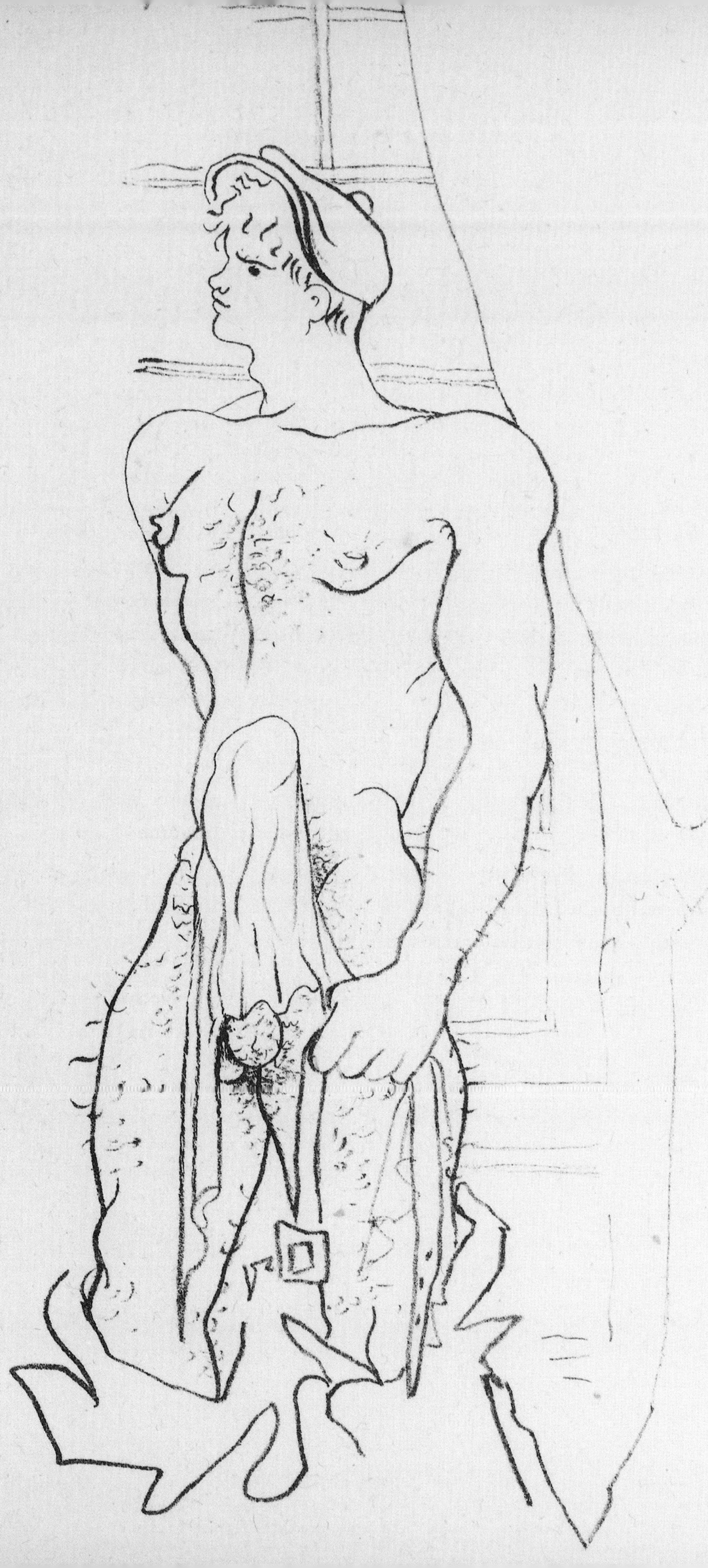

Un grand homme vraiment libre

PIETRO ARETINO, dit l'Arétin, naît en 1492. De nos jours, son nom reste synonyme d'immense écrivain érotique italien – au côté de celui de Boccace, l'auteur du *Décameron*. L'Arétin se fait vite connaître à Rome comme un pamphlétaire de première virulence, s'attaquant aux plus puissants... tout en soutenant le pape Clément VII, issu de la famille Médicis. Sa plume est si vive qu'il échappe de peu à un tueur à gages en 1525 après avoir reçu deux coups de poignard !

Deux ans plus tard, il s'installe définitivement à Venise. Son palais, bordant le Grand Canal, regorge de présents déposés par des lecteurs enthousiastes, dont François Ier. Certains l'admirent, d'autres le craignent, cherchant à l'amadouer pour détourner ses flèches ou le finançant pour qu'il les oriente vers une cible précise. Sa table est ouverte à tous, son soutien accordé aux artistes nécessiteux comme à sa ville natale, Arezzo, menacée d'occupation. Le « mécéné » devient mécène à son tour. Le palais abrite aussi un véritable harem, car l'Arétin raffole des jeunes femmes du peuple vénitien. Il se vante d'user mensuellement les services d'une quarantaine de prostituées en sus de ses nombreuses concubines. C'est là, entouré de celles que la ville surnomme les « Arétines », qu'il rédige de 1534 à 1536 les *Ragionamenti*. Ces « raisonnements » (dédicacés à sa guenon...) sont constitués de dialogues féminins aussi enjoués que crus. *La Vie des nonnes* en est un court extrait. Il publie également des vers érotiques, souvent connus en français sous l'intitulé de *Sonnets luxurieux.*

Il meurt en 1556, après avoir tant marqué ses contemporains que se développe une véritable « littérature arétinesque », à laquelle appartient notamment *La Putain errante* de Lorenzo Veniero.

L'Arétin, *La Vie des nonnes,* (1930).

l'esprit d'un sodomite dans la bouche du démon. A la fin, le Frère, touché de ses oraisons, lui fit relever la tête et, sans débrocher, le coquin de Frère la porta, sur la verge, jusqu'à une escabelle, à laquelle la mignonne martyre s'étant appuyée, il commença à se démener avec tant de gaillardise que celui qui tâte les touches n'en fait pas tant. Et comme si elle était disloquée, elle se renversait le corps en arrière, voulant boire les lèvres et manger la langue du confesseur, et elle allongeait tout entière la sienne, qui n'était pas très différente de celle d'une vache, et elle mit la main entre les bords de la valise et le fit se tordre comme si elle l'avait pris dans des tenailles.

Antonia. — Je renais, je suis ébaubie !

Nanna. — Et lâchant ces flots qui voulaient faire tourner la meule, le saint homme acheva sa besogne. Et après qu'il se fut fourbi le cordon avec un mouchoir parfumé et que la bonne dame eut essuyé le doux miel, ils soufflèrent un peu et s'embrassèrent, et le goulu de Frère lui dit : « Eh quoi ! ma faisane, ma paonne, ma colombe, âme des âmes, cœur des cœurs, vie des vies, ton Narcisse, ton Ganymède, ton Ange, ne pouvait-il disposer une fois de tes quartiers de derrière ? » Et elle répondait : « Te paraissait-il juste, mon oison, mon cygne, mon faucon, consolation des consolations, plaisir des plaisirs, espérance des espérances, que ta Nymphe, ta Servante, ta Comédienne dût, pour une fois, remettre ton naturel dans sa nature ? » Et allon-

Un bon auteur est un auteur mort

Les Silènes sont publiés en 1926 sous la signature d'Alfred Jarry, près de vingt ans après sa mort. Il faut avouer que d'autres textes réellement dus au grand écrivain sont parus post-mortem, tels que les *Gestes et opinions du docteur Faustroll.*

Le silène a, dans la mythologie grecque, des allures de satyre. Et notre texte attribué à Jarry est illustré d'une... sirène.

Nul doute qu'Alfred Jarry n'a jamais mis la main à cet habile pastiche, publié sous le manteau « à Papeete », chez « les bibliophiles créoles ».

Pascal Pia, dans son magistral volume sur *Les Livres de l'Enfer,* se plaît à disserter sur l'origine de cette édition. Au cœur de commentaires détaillés, il rapporte avec le plus grand sérieux la note imprimée en fin de volume : « *Les Silènes*, dont le texte est publié ici intégralement pour la première fois, ont été adaptés de *Sherze, Ironie, Satire* de F. Grabbe. Quelques scènes en ont été publiées en 1923 dans *Paris-Journal*. Il existe à notre connaissance deux manuscrits de cette œuvre de Jarry : l'un, d'après lequel notre édition a été établie, fut confié à Guillaume Apollinaire ; l'autre demeura longtemps entre les mains du docteur Saltas. Peut-être celui-ci le possède-t-il encore ? »

En réalité, beaucoup s'accordent à penser que Pia lui-même est l'auteur des *Silènes*, comme ses talents de « faussaire » littéraire l'ont grandement démontré par la suite. Notre facétieux érudit conclut d'ailleurs sa longue notice en ajoutant cette citation tirée des *Cahiers du Collège de pataphysique* : « Telle quelle, cette édition est une chose bien amusante et, lorsque le temps aura fait toute son œuvre, sera un des monuments de la petite histoire littéraire. » On n'est jamais si bien servi que par soi-même.

Alfred Jarry (Pascal Pia), *Les Silènes,* Papeete,
Les Bibliophiles créoles, (Bonnel, **1926**).

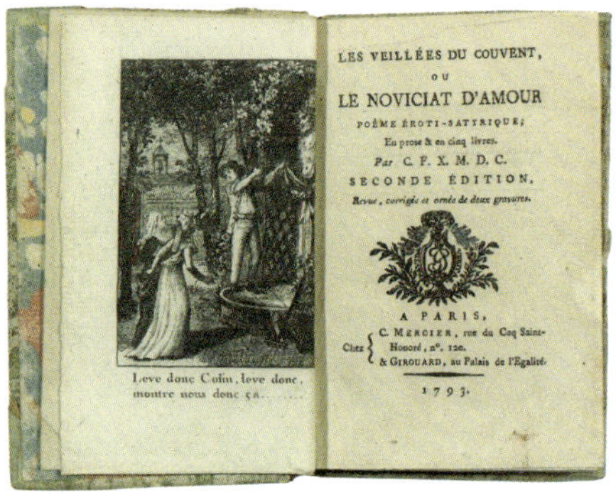

L'écrivain se cache en annonceur

Les Veillées du couvent ou le Noviciat d'amour paraît anonymement : il y est seulement mentionné « Œuvres libres d'un homme qui ne l'est pas » et précisé « par un bâtard de Mirabeau l'aîné ».

Le reste est à l'avenant, puisque ce poème « érotico-satyrique » est supposé sortir « l'an de vénus 5793 »...

Un indice ne trompe cependant pas les amateurs : il est annoncé en fin de volume, en guise de réclame, les « nouveautés qui se trouvent en nombre chez Claude Mercier, imprimeur-libraire et homme de lettres ».

Et de fait, Claude Mercier est non seulement libraire mais aussi et surtout homme de lettres prolifique. Il naît à Compiègne en 1763 et meurt à 37 ans. Cette courte carrière n'empêche pas qu'en 1867 une de ses pièces, *La Bougie de Noël ou la Messe à minuit*, soit reprise au sein du *Nouveau Théâtre gaillard*, édité « chez le bossu-ricaneur ».

Appelé aussi Mercier de Compiègne, pour le distinguer d'autres Mercier ayant sévi dans l'érotisme littéraire, Claude Mercier s'est toujours dissimulé avec plus ou moins d'habileté... Au point que *La Foutro-manie*, célèbre « poème lubrique en six chants », lui a parfois été attribué.

Il est en revanche bel et bien l'auteur d'une incroyable anthologie de vers érotiques publiée par ses propres soins en deux forts volumes en 1796. Baptisé *Momus redivivus* ou *Les Saturnales françaises*, le livre contient des dizaines de pièces « très rares, très chères et très mal classées dans les porte-feuilles des amateurs » et rassemblées « afin qu'ils puissent mettre dans leur bibliothèque un ouvrage devenu rare dès sa naissance et en être seuls les possesseurs ». Mercier de Compiègne avait, si ce n'est le sens du style parfait, à coup sûr celui de la publicité.

(Claude Mercier), *Les Veillées du couvent ou le Noviciat d'amour*,
Saint-Cyr et Paris, l'an de Vénus **5793**.

6 LES VEILLÉES

éternelle, aimait dans le beau bélier blanc qui cocufioit Endymion, si l'on en croit le pudique Virgile qui s'exprime ainsi :

Munere sic niveo lanœ (si credere dignum est)
Pan, Deus Arcadiæ, captam te, Luna, fefellit
In nemora alta vocans, nec tu aspernata vocans es.

Ce qui fut cause de la ruine de Troie, viola Cassandre, fit tourner le dos à Cézar devant Nicomède, & à Philippe d'Orléans devant les lubriques & robustes heiduques, coureurs, valets-de-chambre & palfreniers qui composaient son domestique ; enfin ce que *Michu* prête à *Peixoto* le Juif, ce que *Monvel* & *Villette* ont emprunté de tous les Parisiens ; ce qui dans le moment où j'écris, suit en se redressant & se brandissant comme en mesure, les mouvemens de ma plume, soulève le portefeuille sur lequel j'écris & me fait griffonner à tort & à travers au gré de ma brûlante & cynique imagination, & ce qu'enfin, je souhaite à mes lectrices toujours gros, toujours ferme, toujours rubicond, toujours propre, toujours actif, toujours

Mentions scato-amusantes

LES TREIZE SONNETS DU DOIGT DEDANS auraient été édités « à Domrémy-la-Pucelle (Vosges), au couvent des Puces-Travailleuses »... C'est dire le sérieux de ce curieux volume de vers.

Ajoutons que le recueil a forcément été tiré « à soixante-neuf exemplaires » et qu'il comporte une « table des matières fécales ». Cette dernière mention comme son titre l'inscrivent dans le genre des ouvrages sur les « vents » ou encore la scatologie.

Ces sujets ont obsédé, dans leurs écrits, de Mark Twain à Mozart !

Wolfgang Amadeus n'est pas seulement un compositeur de génie, c'est aussi un grand épistolier. Sa très abondante correspondance éclaire d'un jour singulier le Mozart parfois amoureux, parfois grivois, que le film de Milos Forman a révélé au grand public. Mozart se révèle en véritable écrivain, conteur et styliste. Il est capable de superbes envolées comme de plaisanteries de plus ou moins bon goût, mais qui font souvent mouche.

La production de cette catégorie apparemment particulière d'opuscules a toujours diverti les amateurs de littérature érotique. Ce qui explique sans doute l'existence d'une *Bibliographie des ouvrages relatifs à l'amour, aux femmes, au mariage, et des livres facétieux, pantagruéliques, scatologiques, satyriques, etc.*, assez généraliste, ou encore de catalogues très spécialisés, telle la *Bibliotheca scatologica*. Quant à la *Bibliographie jaune*, son intitulé est trompeur – dans tous les sens du terme – puisque le « jaune » en question désigne ici un cocu et non un urologue...

Monsieur de La Braguette, *Les Treize Sonnets du doigt dedans*, Domrémy-la-Pucelle (Vosges), Au couvent des Puces-Travailleuses (Kistemaeckers, 1882).

Monsieur de La Braguette

LES

TREIZE SONNETS

DU

DOIGT DEDANS

DOMREMY-LA-PUCELLE

(VOSGES)

Au couvent des Puces-Travailleuses

(Avec approbation)

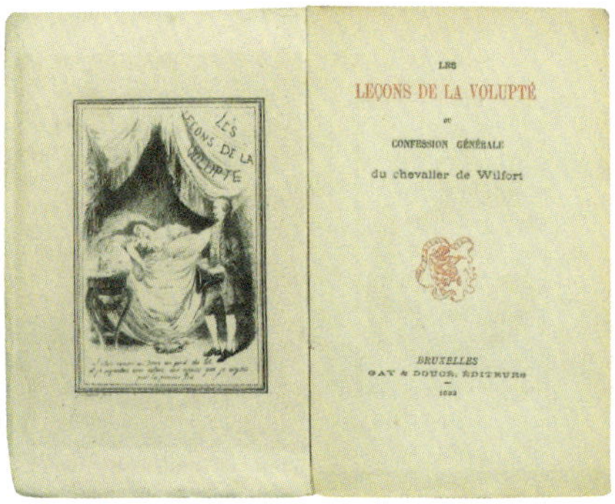

Gai et doux c'est !

Jean-Jules Gay et Henriette Doucé s'associent en 1877 à Bruxelles, alors terre d'accueil des éditeurs de littérature érotique.
L'attelage, constitué d'un fils d'éditeur né à Paris et d'une des rares dames de la même profession, marque l'apogée de leur carrière respective. Après leur séparation, Gay ne publie que peu sous son seul nom, et ce pendant un an et demi, avant de décéder à 45 ans. Henriette se fixe à Paris et édite, elle aussi sous son nom désormais « esseulé », durant une dizaine d'années.
Mais auparavant, sous le label « Gay et Doucé », ils commercialisent près de cent vingt livres en moins de cinq ans. La moitié de leur production paraît sous le manteau. Les classiques du genre figurent à leur catalogue, même si ce choix n'est pas exclusif. Anciens ou modernes, il leur faut en tout cas ruser pour livrer au public des récits coquins.
Pour *La Sphère de la lune*, nos comparses n'hésitent pas à se jouer de la censure dans un avant-propos révélateur de leurs artifices comme de leur malice : « Le paradoxe que nous rééditons, et qui a pour but de prouver que le beau sexe est lunatique, c'est-à-dire sujet aux influences et changements de la lune, a eu deux éditions [...] en 1652, [...] en 1658. Les exemplaires de l'une et l'autre édition sont devenus presque introuvables aujourd'hui. Malgré nos recherches, il nous a été impossible de savoir quel est le nom de l'auteur caché sous les initiales Mlle de B... »
Leur frontispice devient fameux, car il orne leurs ouvrages sous la forme d'un dessin en clin d'œil. Le ruban qui entoure le faune proclame : « Gai et doux c'est... »

La Sphère de la lune, composée de la tête de la femme, Gay et Doucé, **1881**.
Les Leçons de la volupté ou Confession générale du chevalier de Wilfort, Gay et Doucé, **1882**.

LES PHASES DE LA LUNE
PREMIER QUARTIER
DERNIER QUARTIER
ECLIPSE
PLEINE LUNE
HEMISPHESSE
ACETROU
NOMFE

L'érotisme mondain

La comtesse de Choiseul-Meuse a choisi la littérature érotique comme on s'éprend d'un passe-temps valorisant en société. Car, si elle signe successivement *Julie ou J'ai sauvé ma rose* en 1807, puis *Amélie de Saint-Far ou la Fatale Erreur* l'année suivante, elle n'en écrit pas une ligne. Ses nègres sont alors une dame Guyot et un auteur de vaudeville dénommé Rougemont. La révélation de cette usurpation vient de son amant, le chansonnier Armand Gouffé, conforté en cela par Rougemont.

Malgré la hardiesse des romans que notre comtesse livre, Napoléon en autorise la lecture à ses soldats en campagne... Ils ne sont bannis des cabinets de lecture qu'à partir de 1825, sous la Restauration. Et, deux ans plus tard, la justice s'en empare à son tour pour en prononcer l'interdiction.

Entre-temps paraît en 1809 *Entre chien et loup*, qui est en général considéré comme conçu par notre comtesse (ou par ses différents sbires en écriture). Quant à *Paris ou le Paradis des femmes*, c'est l'éditeur belge de littérature érotique, produisant dans les années 1880, qui lui en attribue la maternité, affirmant reprendre un texte paru en 1821...

Restent des récits particulièrement audacieux, puisque s'y mêlent colonels et soubrettes, femmes entre elles ; tandis que, dans *Julie ou J'ai sauvé ma rose*, la virginité de l'héroïne, pourtant fort dégourdie, est préservée au prix de stratagèmes plus qu'ingénieux.

Il est donc une époque où l'érotisme littéraire débridé est revendiqué par une dame « bien née » comme un gage d'originalité et de mondanité... L'épigraphe d'*Amélie de Saint-Far* avertit pourtant : « Pour me lire, cachez-vous bien. »

Félicité de Choiseul-Meuse, *Paris ou le Paradis des femmes*, Kistemaeckers, 1881.

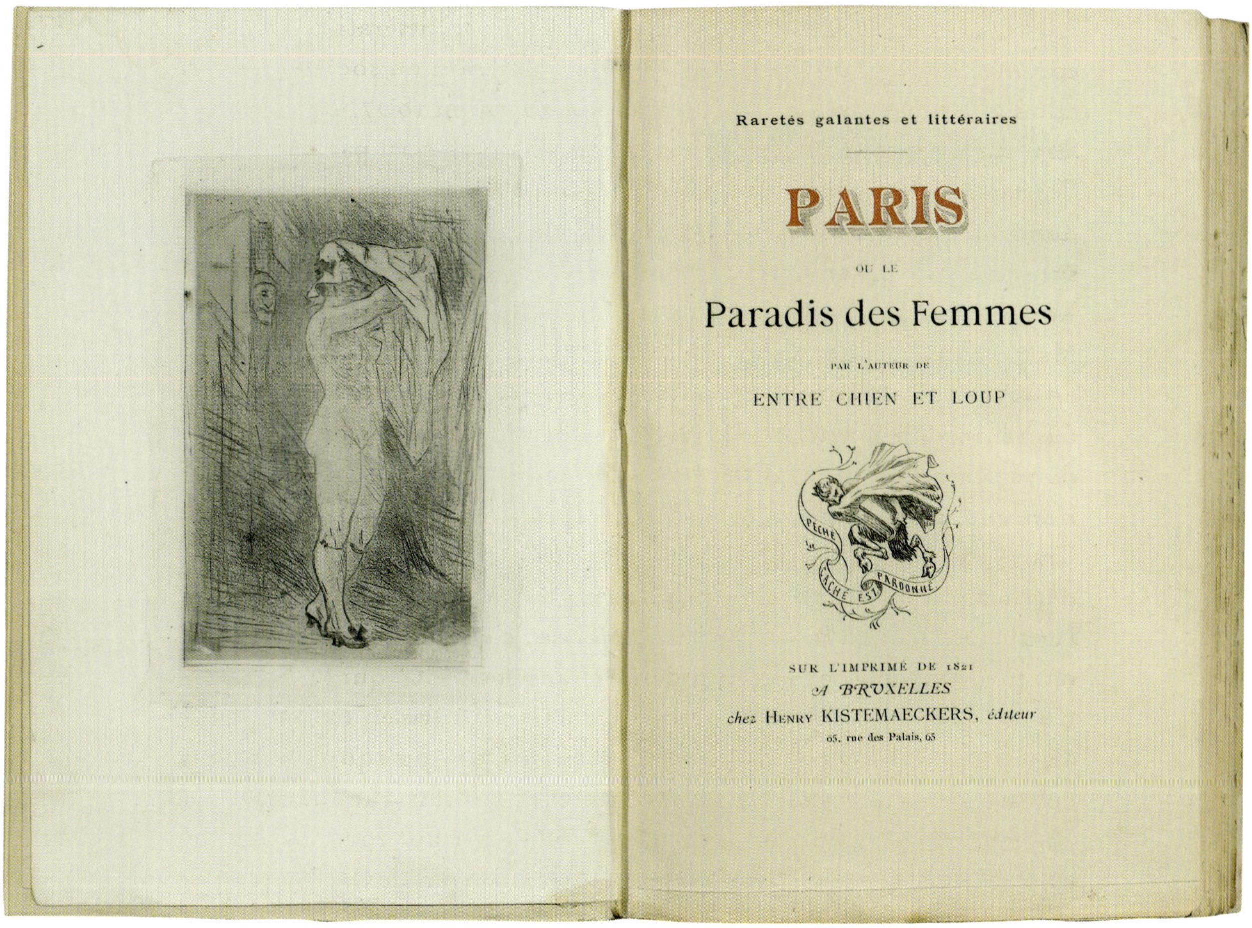
Raretés galantes et littéraires
PARIS
OU LE
Paradis des Femmes
PAR L'AUTEUR DE
ENTRE CHIEN ET LOUP
PÉCHÉ CACHÉ EST PARDONNÉ
SUR L'IMPRIMÉ DE 1821
A BRUXELLES
chez Henry KISTEMAECKERS, éditeur
65, rue des Palais, 65

Suzon tient son journal

LE MARIAGE DE SUZON appartient à cette catégorie d'ouvrages érotiques qui ne trompent aucun lecteur, mais dont les amateurs aiment les subterfuges. Cet imposant volume est en effet supposé reproduire le « journal secret » de ladite Suzon. C'est pourquoi y figurent un texte manuscrit imprimé en fac-similé et des dessins qui l'ornent ou l'entrecoupent. La taille du livre détonne d'autant plus de la part de l'imaginaire Suzon, censée tenir une sorte de journal très intime. Contemporain des aventures de Suzon, *Nous deux,* signé « Nelly et Jean », fonctionne sur le même principe des diaristes livrant leurs turpitudes au public, sans pour autant que l'imprimeur use d'un fac-similé d'écriture manuscrite.
Léon Courbouleix, désigné en général par les spécialistes comme l'auteur et l'éditeur du *Mariage de Suzon*, donne ainsi un deuxième volume à sa première réussite, intitulée *Suzon en vacances* et sous-titrée « Journal secret d'une jeune fille »… Peu importe la vraisemblance, ce qui explique sans doute que Suzon commence d'ailleurs le journal de son *Mariage* par un avertissement éloquent : « Messieurs, c'est avec un vif plaisir que j'ai appris l'édition par vos soins de mon journal de jeune fille *Suzon en vacances*. Devant le succès obtenu par cette publication, je vous offre la primeur de ces quelques pages en regrettant vivement de n'avoir pu vous associer à ces heures inoubliables. » La justice ne s'y est pas plus leurrée que les amateurs, en condamnant l'ouvrage en 1954… soit, malgré tout, plus de quinze ans après l'édition du « mariage » de Suzon.

(Léon Courbouleix), *Le Mariage de Suzon,*
AUX DÉPENS DES AMIS DE CUPIDON (LÉON COURBOULEIX), 1939.

que son bonheur avait été complet.

Une ovation flatteuse, salua notre entrée au salon.

La plus folle gaieté régnait déja parmi tous les invités qui étaient aussi mes amis les plus intimes, et c'était vraiment une amusante chose de voir ainsi reunis le jour de mes noces, mes amants.

XXXVII

Pour les femmes:
Hélène avec dix-neuf centimètres.
Pour les hommes:
Le cousin Louis avec dix-huit centimètres et demi.

Je pensais: «Tiens, il s'est développé depuis les dernières vacances».

Et par association d'idée, se présenta à mon esprit le souvenir d'une certaine partouse, où j'avais connu une queue autrement plus belle que la sienne, et tout naturellement je pensais à Joseph qui possède la plus grosse bite qui m'ait jamais enconnée.

J'intervins:

—. Mes amis, pour les femmes, je ne dis rien, mais pour les hommes je vous prie d'attendre un moment. J'en connais une, et de taille qui mérite de figurer à ce concours avec chance d'être la plus belle. —

Allant à la fenêtre, j'appelais:

—. Joseph! Joseph! Viens vite. —

Il sortait justement de la cuisine suivi de Jane, qui venait, je présume de se faire donner des confitures.

Il entra dans le salon, l'air gauche, les bras ballants.

—. Joseph, lui dis-je, j'ai parlé de toi à mes invités, ils ne veulent pas croire que tu es monté comme un taureau. N'ai pas peur. Montre nous ta belle queue. —

Tout ce monde paraissait l'intimider, je fus obligée de le déboutonner moi-même. Mais il ne bandait pas.

— A poil! A poil! criait-on de toute part. —

On le fit monter sur la table et après l'avoir débarrassé de son pantalon je cherchais par caresses habiles à le mettre en etat d'erection. Yvonne qui s'etait glissée entre ses jambes lui faisait des agaceries sur les couilles, avec la langue, Hélène lui tendait son chat à branler, mais tout ce déploiement de force était inopérant: l'animal refusait obstinément de bander.

La chose était surprenante pour moi qui connais le tempérament de Joseph, et je flairais quelque chose de louche la dessous.

Ce fut Jane qui devoila le secret:

— Oh! cria la gamine, ne vous donnez pas tant de mal, vous voyez bien qu'il ne peut plus. Quand vous l'avez appelé il venait de jouir trois fois. —

Je regardais Joseph.

— Est ce vrai? —

Du *Con d'Irène* aux *Yeux d'Elsa*

LES SURRÉALISTES, tancés par le pudibond André Breton, ont entretenu des relations compliquées avec la sexualité. En témoignent les séances dirigées par le maître sur le sujet et publiées bien après sa mort. Cela n'a pas empêché nombre d'entre eux, et non des moindres, de verser dans la littérature érotique.

Louis Aragon publie *Le Con d'Irène* en 1928, avant la rupture avec le groupe d'avant-garde et l'adhésion totale au communisme. Il est pour l'heure passé d'une liaison à une autre : il a été quitté par la « dame des Buttes-Chaumont » et va bientôt s'éprendre de Nancy Cunard, la petite-fille milliardaire du fondateur de la Cunard Line.

En réalité, ce livre n'est qu'un zeste de *La Défense de l'infini*, manuscrit qui comporte plus de mille cinq cents pages écrites durant quatre ans. C'est devant Nancy qu'Aragon brûle la majeure partie de son texte.

Le volume largement amputé paraît sous le pseudonyme de Louis Routisie, qui est également le patronyme du héros.

Aragon, fils d'un préfet de police, persévère dans la littérature érotique en écrivant en 1930 *Le Mauvais Plaisant*, qui ne sortira qu'en 1986 sous le titre des *Aventures de Jean-Foutre La Bite*.

Il a entre-temps, en 1927, rencontré Elsa Triolet, qu'il épouse en 1939 et qui reste, en dépit de l'homosexualité du poète plus patente à la fin de ses jours, sa grande histoire d'amour. Terminée, entre Elsa et le communisme, la célébration du vagin. La littérature y a gagné une ode aux *Yeux* de sa fidèle bien-aimée.

Louis Aragon, *Le Con d'Irène*, **1948**.

ARAGON

★ ★

L ★ E

E 1 N

C 9 È

O 2 R

N 8 I

D'

★

1948

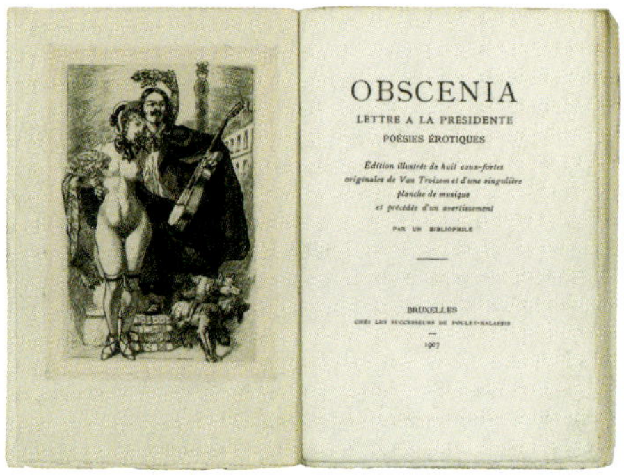

Du capitaine Morpion au capitaine Fracasse

Le XIXe siècle incite les plus grands noms de la littérature – de Maupassant à Musset, de Verlaine à Rimbaud en passant par Stendhal – à s'essayer au genre érotique. Théophile Gautier occupe une place à part.

Il se lance assez vite dans la rédaction de textes grivois, tels que *La Mort, l'apparition et les obsèques du capitaine Morpion*, qui précède un autre gradé, le célèbre *Capitaine Fracasse*, daté de 1863. La plaisanterie, très libre, est destinée à être accompagnée de la mélodie de la marche funèbre composée par Reyer...

Gautier rencontre Apollonie Sabatier à l'occasion du salon littéraire qu'elle tient le dimanche. Surnommée « la Présidente », elle vit aux dépens du financier Mosselman, pose nue pour le sculpteur Clesinger, etc.

En 1850, alors âgé de 39 ans, Théophile lui envoie une première « lettre ordurière », écrite à Rome et signée « le cochon imaginaire ou le salop sans le savoir ». De retour à Paris, il continue d'adresser des missives à celle qu'il n'a aimée que de manière épistolaire. Pour les plaisirs de la chair, notre courtisane faite Présidente lui préfère Baudelaire, moins porcin dans les formules poétiques qu'il lui adresse.

L'édition originale des fameuses *Lettres à la Présidente* a été publiée clandestinement en 1890, soit dix-huit ans après le décès de Gautier. Son succès donne lieu à de nombreuses autres impressions, dont certaines, en raison du caractère très audacieux de cette correspondance sans réponse connue, ont été baptisées *Obscenia.*

(Théophile Gautier), *Obscenia, lettres à la Présidente, poésie érotique,* Bruxelles, Chez les successeurs de Poulet-Malassis (J. Chevrel), 1907.

Table des matières

DU MÊME AUTEUR

Fictions

Histoire d'eaux, Le Dilettante, 2002, Pocket, 2004.

La Course au tigre, Le Dilettante, 2003, Pocket, 2005.

L'Industrie du sexe et du poisson pané, Le Dilettante, 2004, Pocket, 2006.

Les Dix Gros Blancs, Fayard, 2005, Pocket, 2007.

Fin de pistes, éditions Leo Scheer, 2006.

Le Sexe (direction d'ouvrage), La Découverte,
coll. « Les Français peints par eux-mêmes », 2003.

Essais

Le Sexe et la loi, Arléa, 1996, La Musardine, 2002.

La Culture quand même
(en collaboration avec Patrick Bloche et Marc Gauchée),
Mille et une nuits, 2002.

L'Édition en procès
(en collaboration avec Sylvain Goudemare),
éditions Leo Scheer, 2003.

Le Bonheur de vivre en Enfer, Maren Sell éditeurs, 2004.

Lettres galantes de Mozart
(en collaboration avec Patrick de Sinety),
Flammarion, 2004.

Pirateries intellectuelles, Sens & Tonka, 2005.

La Guerre des copyrights, Fayard, 2006.

Brèves de prétoire, Chifflet et Cie, 2007.

La Justice pour les nuls (direction d'ouvrage), First, 2007.

Les Pommes libertines
(en collaboration avec Richard Conte),
Actes Sud, 2007.

Ouvrages juridiques

Guide du droit d'auteur à l'usage des éditeurs,
Éditions du Cercle de la Librairie, 1995.

Le Droit d'auteur et l'édition,
Éditions du Cercle de la Librairie, 1998 et 2005.

Le Droit de l'édition appliqué I,
Éditions du Cercle de la Librairie/Cecofop, 2000.

Reproduction interdite, le droit à l'image expliqué aux professionnels de la culture et de la communication, à ceux qui veulent protéger leur image et à tous les autres qui veulent comprendre la nouvelle censure iconographique,
Maxima/Laurent du Mesnil, 2001.

Le Droit du livre,
Éditions du Cercle de la Librairie, 2001 et 2005.

Le Droit de l'édition appliqué II,
Éditions du Cercle de la Librairie/Cecofop, 2002.

Guide juridique pratique de l'éditeur. Livre-Presse-Multimédia
(en codirection avec Agnès-Lahn Gozin et Arnaud Le Mérour),
Stratégies, 2001.

Traductions

Pensées paresseuses d'un paresseux, de Jerome K. Jerome
(traduit de l'anglais, en collaboration avec Claude Pinganaud),
Arléa, 1991, Arléa poche, 1996.

Histoires de fantômes indiens, de Rabindranath Tagore
(traduit du bengali, en collaboration avec Ketaki Dutt-Paul),
Cartouche, 2006, Phébus/Libretto, 2008.

RESPONSABLE ÉDITORIALE : Joan Le Boru

DIRECTRICE ARTISTIQUE : Nancy Dorking

SECRÉTARIAT D'ÉDITION : Marion Pragout et Julie Le Bras

RÉALISATION GRAPHIQUE : Aurore Jannin

FABRICATION : Amandine Sevestre

PHOTOGRAVURE : Art Digital Studio

ACHEVÉ D'IMPRIMER en France chez Pollina - L 46446

Dépôt légal : mars 2008

ISBN : 978-2-84277-704-3

34/1866/2 - 02